魔鏡西藏
拉薩遊學一年記

邱常梵｜著

獻給文河
感謝他在婚姻道上給我的愛、信任與自由

身入藏境、閱讀藏境

◎ 梁丹丰（銘傳大學副教授）

有兩種難能可貴的性格特質最令人心折！

不過，它們並非與生俱來！

其一，是以器識膽魄的泱泱氣度築夢圓夢，執著目標，全力以赴的行動。

其二，是勘破物欲，選擇質樸簡約的生命態度，惜取天地間無所不在的大智大慧，自我成長。

前者胸懷坦蕩，不憂不懼，迎向曖昧容忍力的試煉，不移不惑。

後者心境光明、無爭無求，尊重長途上的因緣遇合，萃成飽滿豐潤的心靈世界。

兩者兼具相輔相成，合而為一，便能成就循環累進的加分作用，積聚愈久愈多，能量愈驚人。

這是所有「真正的旅者」深深敬畏的！

獨立天地間，不見得孤單，也無論荒漠冰原，高山峻嶺，都有許多不同形式的堅忍生命在各得其所，它們明白宣示大地母親慈愛的召喚，要她懷抱的好兒好女，能掙脫自設的枷鎖阻障。唯有進入孤、離、剝、落的澄明空淨後，看清自己，認識他人，此生此世，才能知所當為！

本書作者，便是其中勤於掘寶得寶的一個，她以生命韌度、生活硬度和一

顆柔軟的心，堅苦卓絕身入藏境、閱讀藏境。以生命長途最成熟的「黃金歲月」，藉流利生動的文筆，擷取一路行來、交叉碰撞的火花，大方分享親身體悟的感動，點燃自己、激勵他人，這一切，都是暝曚的今天，能讓許多人期許自己也能山高水長、海闊天空收穫的。

　　寄上祝福，願見更多來者因讀此書而行者必至！

在雪域中找到自己

◎陳琴富（中國時報副總編輯）

　　湛藍的天空、遼闊的草原、莊嚴的寺廟、無憂的僧侶，這些都是西藏給人的一般印象；深入藏人的生活後，印象中會加入一些素材，簡單的生活、純樸的面龐、虔誠的信仰。如果深入藏傳佛教，更會驚覺西藏是一個隱藏在高山上的人間佛國。

　　佛教流傳了二千五百年，可概分為三大支，小乘、大乘、金剛乘，其中金剛乘因為保存在青藏高原之上，從七世紀蓮花生大士入藏傳法至今，幾乎沒有受到污染，儘管歷經宗教改革和不同流派的衍生，大致上佛教的精義都還存在於各教派的傳承中。

　　藏傳佛教不論在傳法、儀軌、法器，甚至佛像的造型，都不同於南傳與漢傳佛教，除了經典、密續之外，還有許多伏藏。有些人無法理解忿怒尊的意義，更有些人無法接受雙運尊的造型，早期漢傳佛教甚至把金剛乘當作邪教，就是因為不瞭解的緣故。

　　當然，今天人們對藏傳佛教不再懷疑，但是要深入其法義仍然需要費一番工夫。由於佛教信仰幾乎已經融入藏人的生活中，拉薩的寺院或神山聖湖邊，隨時可以看到虔敬的藏人，衣衫襤褸地磕著長頭，他們有時從家鄉旅行一年來到聖地，只為了表達內心的虔敬，這一生就了無遺憾了。

　　在拉薩附近仍有許多古老的寺院，包括大昭寺、小昭寺，以及黃教的三大

寺院色拉寺、甘丹寺、哲蚌寺。每一間寺院都有它的歷史以及特色,甚至以特別的佛像、法器、成就者而聞名。像大昭寺的覺沃佛、色拉寺的馬頭明王以及密院殿中大威德金剛、甘丹寺的宗喀巴大師靈塔等。

如果熟悉歷史背景,對於藏傳佛教會有更深刻的體會。而《魔鏡西藏》就這樣帶領著我們走進這些古老的寺院。透過作者親身的經歷,我們跟隨著她的腳步,不著痕跡地深入藏民的生活和西藏文化。在作者流暢的文筆、單純的心思和空靈的意境下,佛法也在不經意中展現。

第一次在網路上看到「五十歲的天空──《聽見西藏》」,對於作者在半百之年隻身進入藏區旅行,拍下許多色彩繽紛的影像,就直覺她和西藏有不解的關係,而選擇的素材又泰半與寺院、僧侶、經幡有關,也感覺得到她和佛教有深厚的因緣。

果然,不久她就決定到西藏遊學,這一年來儘管辛苦,但何嘗不是一種福報,更進一步說,又何嘗不是她的使命。這一次她帶回更豐富的西藏文化與宗教情懷。每一篇章都可以看到作者的用心,也可以看到她對於世出世法的體悟。不同於一般的宗教書籍,因為它沒有艱澀的經典名相,清新易讀。不同於一般的旅遊書籍,因為它有更深邃的哲思和心靈覺照。

藏傳佛教噶舉傳承和寧瑪傳承中,有兩個很高深的法,就是大手印和大圓滿。這個法的精義就是「不修整、不造作,安住在空性、清淨的覺性之中」。我們每個人的心本來圓滿,無須整修。這本書正是以這樣的方式說法。

有人說,西藏是人間的最後一塊淨土。誠然,常梵從獨行到遊學,因為她的勇氣、堅持、虔敬,她在雪域中找到了自己。佛經中也說,淨土在自心之中,隨其心淨則國土淨,跟隨著常梵的腳步深入雪域,相信每個人都可以找到自己。

走進心中的夢土

◎楊　蓓（台北大學社工系系主任）

　　十多年前，有一夢境常常縈繞：一座高聳無比的雪山，上接湛藍的天空，下觸翠綠的草地，我置身半山腰，或坐或臥，眺望遠處，優遊自在。每每由夢中醒來，神清氣爽，呼吸間透著莫名的喜悅與感動。讀《魔鏡西藏》，讓我想起了這個多年不曾想起的夢。

　　那時候，正是我兼任行政職務接近尾聲的時候，身心俱疲。夢，是我現實生活中的平衡，只要想起夢境，彷彿進入淨土，渾身清涼。那時候，尚未學佛，只識得其中的覺受。孰知，十多年後，作者的筆觸又將我帶回當時的清涼時，卻也是我又將置身行政雜務之始。

　　自從讀過《聽見西藏》之後，就對這位勇於追尋心中夢土的中年女子充滿羨慕與感佩。以五十歲的年紀在三、四千公尺的雪域中學習藏文，徜徉在大山大水間，領略生命的深刻與廣闊，這是何等的快意！

　　同樣身為中年女性，看看自己的俗務纏身，雖然深知其中大部分是自己的依附使然，卻是毫無掙脫的行動力。面對這樣的對照，感佩之餘，也感激作者用文字描繪了許多中年女性心中的夢土，那代表的是一種對精神上烏托邦的追尋，循著書中的描述，讀者可以一步一步走進自己心中的夢土，西藏，變成一個代名詞。

　　寫人、寫景、寫心境，是這本書的主要內容，然而卻處處難掩作者的深情。

　　人，總是故事的主角。西藏的人，簡單熱情，故事總在平凡中見深刻，若非深情，讀不到其中的細緻轉折。

　　景，轟立在天地間，它的存在就是一個故事。西藏的大山大水，雄偉壯闊，若非深情，這山水如何能幻化成動人心弦的故事。

　　心境，如同劇場的後台，有時紛亂，有時空曠，隨著一幕一幕不同的戲碼，後台變幻無窮，若非深情，如何識得這後台的千迴百轉。

　　作者對人間的深情，是否與她牧牛（修心）的心願相違呢？這也是許多佛子在修行歷程中的疑問，好像修得好的人，就該對人間淡然處之。然而，在字裡行間，作者提供了西藏遊學歷程和自心變化之間的互動，清晰地敘述著每一境中如何住心、轉心，於是深情在觀照、陶冶中，逐漸淨化為對所有人事物的悲憫，心，自然就寧靜而悠遠了，筆觸也就在深深的濃郁中透著淡淡的芬芳。一個修行人如何能捨棄對人間的悲憫？

　　從未與作者謀面，讀著她的文字時，常想像著一個午後的暖冬，與她共品一壺好茶，聽她述說著人間的生命故事。

　　你聽，她已經開始說了……。

在魔鏡中牧牛

之前，若有人告訴我：「妳會在半百年紀時，前往西藏讀書。」那我肯定認為這人瘋了，雖然我對西藏情有獨鍾；「活到老，學到老」也一直是我的生活態度，但半百年紀於平均海拔4000公尺的雪域高原讀書？實在匪夷所思！

只是世事無常，因緣不可思議，這件事居然發生了──2005年9月起一學年，我於西藏自治區首府拉薩市「西藏大學」重當學生，學習藏語文。

這一年，我正好五十歲，春夏之際甫獨自旅行藏區五十多天。面對自己魂縈夢牽的雪域西藏，能不再只當個來去匆匆的過客，而是真實擁抱、歸人似地生活一年，我無法形容內心的喜悅，唯有頂禮感謝諸佛菩薩的恩寵。

每個人在心靈深處其實都隱藏有一種精神嚮往的情結，我的情結是西藏。西藏存在許多元素是現代人缺乏的，它就像一個古老的桃花源夢境，在喧囂的塵世中，真確地對我呼喚。

西藏幾乎全民信佛，任何事物都是以宗教開始，以宗教告終。對藏民而言，宗教不只是信仰，乃單純就是一種生活方式。絕大多數的藏民不識字，看不懂佛經，說不出教義，但他們對佛法專注虔誠，每天點燈供佛、誦經、布施、轉經、磕長頭，相信如此便會得到神佛保佑，死後往生極樂世界。這種單純而堅定的信念，令人感到不可思議，但卻能衍生一股無形力量，讓他們身處

苦難時，依然能坦然而快樂地過日子。

在還未真正於西藏生活時，我想像西藏，總覺得西藏像個神話王國，直到生活了一段時間，神話漸漸變得實際。不過，相對偏重理性、缺乏想像的現代人而言，西藏仍然是一則神話，一則美麗而神祕的神話。

自助旅行的大陸背包客喜歡這樣形容西藏：「眼睛上天堂，身體下地獄，靈魂回故鄉。」

也有人這樣形容：「西藏像是一面魔鏡，每個人都可以在裡面看見自己想要的。」

小時候讀《白雪公主》童話故事，渴望擁有那面無所不知的魔鏡，什麼都不必做，只要提問：「魔鏡，魔鏡，請告訴我……。」就能輕鬆獲得所有問題的答案。

但是，在真實人生中，問題與答案真的能這麼簡單嗎？

《金剛經》說：「凡所有相，皆是虛妄。」整個人生其實也像一面魔鏡，我們視鏡中影像為真實存在，即使對生命產生了疑情，在找尋答案時，依然執幻相為真，識不破「夢幻泡影，鏡花水月，畢竟總成空」。於是，一世又一世在輪迴中流轉。

向魔鏡祈求，是把自己生命的自主權交到別人手中；向魔鏡祈求，是不明白所有外境都是自己內心的一種投射；向魔鏡祈求，是在逃避生命的真相，以為生命不該有痛苦，不該有悲傷。其實所有一切，都不過是緣起性空。

同樣的水，母牛喝了化為乳汁，毒蛇喝了化為毒液。相同的外境，不同的人有不同的反應，導致相去甚遠的結果，關鍵都在自己的心。

重當學生的這一年，我在全新的時空展開新生活。剛開始周遭無一熟識朋友，只有自己，可以在自主意志下作抉擇，沒有顧慮，絕對自由。

這一年，我時時提醒自己，要將原有的身分與角色拋開，要把之前的價值評斷標準放下。我明白，只有先清出心靈空間，新的東西才能進入我的生命。

這一年，我不刻意追求什麼，就只是單純、安靜地在藏族世界中生活；就只是讓自己化成一滴水珠，回歸到海洋之中。

這一年，生活簡單至極，對習慣萬花筒般生活的人，這樣的生活很沉悶；對追求感官享受的人，更可能是一種酷刑。但對我而言，簡單就是豐富，時間的廣度與深度都提昇了。我時常獨自於寧靜的宿舍內禪坐；於大山大水中漫步或氣喘吁吁爬坡，自己和自己相處，深深地看進心靈深處，冥思默會，如紅塵閉關！

因為生活單純，心沉澱了，宛如風平浪靜的湖面，我比以前清楚內心生起的每一個念頭；因為生活單純，身心進入了寧靜，更容易於行、住、坐、臥中保持覺照。

隨著時間流逝，我明白了西藏這面魔鏡，不是童話中的魔鏡，而是一面幻相透視鏡，能照見無明，照見人性的弱點。於繁華都會中戴了面具行走的，在這裡無法隱藏；我們於不自覺中創造並深信的虛幻浮華世界印象，在這裡也會崩解。

本書的時空背景是我在拉薩遊學一年期間，但內容不是旅遊指引，也不是異域風情錄，而是在面臨和合緣起的對境中，我於西藏放牧心中這頭牛⓲的生命經驗札記。對於西藏，我用自己的方式品味，雖然可能只窺見一角未見全

貌，但每一篇都是我最真最深的心領神會，希望能撥動讀者的心弦，為每個人的生命注入展翅飛翔的能量。

西藏第一位轉世為西方人的圖敦耶喜喇嘛曾說過：「生時、死時都一樣，關鍵在於——認知幻相為幻相、投射為投射、幻想為幻想。這樣，我們就自由了。」

是的，即使只是剎那，只要我們能看清世間一切無非都是魔鏡顯現的幻相，我們就自由了⋯⋯。

註 凡夫的心如同尚未馴順的野牛，四處奔竄，禪宗因此藉牧牛的啟示說明心性修行的不同歷程，一般採用宋代廓庵禪師的〈十牛圖頌〉譬喻，分為「尋牛」、「見跡」、「見牛」、「得牛」、「牧牛」、「騎牛歸家」、「忘牛存人」、「人牛俱忘」、「返本還源」、「入鄽垂手」十種境界。

▋目錄

我的道路通往西藏

　　2004年底，為了準備隔年5、6月獨行西藏，我幾乎天天上網找資料，意外地，一則訊息進入眼簾——西藏大學留學生中心藏語文課程，提供年齡五十五歲以下、愛好西藏文化的各國人士申請就讀。

　　剎那間，宛如春風吹皺一池春水，平靜的心被攪動了，一個想法蹦了出來：我那麼喜愛西藏，若能以學生簽證在拉薩生活一年，既可學習藏族文化和語言，假日又可四處朝聖兼遊山玩水，哇，多麼美妙！

　　「常梵啊，這是不可能的，別作夢了，醒醒吧！」另一聲音發出提醒。

　　「不可能嗎？」

　　回到現實，我把興奮暫放一旁，重新從經濟、健康、時間、家庭等因素自我分析。我很幸運，沒有經濟顧慮；年近半百，但身體很健康，心理年齡更年輕；幾個月前才離職成為義工，時間很自由；兩個小孩，大兒子即將大學畢業，小兒子在加拿大讀書，都很獨立，不太需操心；而工作重心移往北京的先生文河，一向鼓勵、支持我去實現自己想做的事。

　　「Why not？」

　　為了尊重，我先徵詢文河同意，然後打電話到西藏大學詢問詳情，承辦人邊巴先生面對有史以來第一個台胞申請「一年學習」案例，猶豫了許久，問清

我的意圖目的後，要我在5月底申請期限截止前，寄出報名資料、兩封推薦函及申請費用，然後靜候審核。

盡了自己能做的努力後，我放心地把最後的決定權交給因緣。我相信，假如那是我該走的路，就一定會走往那裡。

2005年7月底，收到核准學習通知及「進藏台灣同胞批准函」，我好像看到我最相應的強巴佛（藏族對未來佛的稱呼）對著我慈悲地微笑著，一條通往西藏的道路，在眼前鋪展開。

8月下旬，我e-mail給親朋好友，寫了我將前往西藏一年的心情。

……5、6月，以近兩個月時間，獨自走了西藏及滇、川藏區，出發前和旅程中被問得最多的問題是：「一個人？不害怕嗎？」通常我都是帶著微笑，先點頭，然後搖頭。自從2000年第一回前往西藏，對那塊平均海拔4000公尺的高原就有著回到家的熟悉感，禪坐有一種境界是「輕安自在」，當我走在西藏的大好山水中就常生起這種感覺，或許是因為西藏那湛藍無涯的天空；稀薄得輕靈飄渺的空氣；單純又虔誠的民情，會過濾、稀釋都會人於世俗的染著，淨化蒙塵的佛性。

西藏有著無邊寬廣的包容力，我在那裡和天、地、人相遇，看到了謙遜的生命態度所生起的巨大力量，聽到了自己發自內心深處的聲音……。

這一年，歡迎大家有空到西藏來找我……。

我同時著手整理行李，經常自助旅行，已能掌握精簡原則，非帶不可的必需品

位於拉薩三大寺院之首「哲蚌寺」內的強巴佛。（舒坦攝影）

很快整理妥當。直到要決定帶哪些書同行時，煩惱卻出現了。

平日坐擁家中書城，依不同時間、不同心情，會拿起不同的書籍，和著茶或咖啡品味。如今，行李空間有限，帶不走所有的書，我該如何取捨？

思量著，眼光從每一本書緩緩游移，同類型在當地買得到的就不帶了，其餘，哪一本看的機率最高？哪一本最重要？哪一本會常參考？哪一本對修心有益？哪一本對學習藏語文有幫助？哪一本⋯⋯？

試著依循一個標準，卻在拿起這本時，捨不得那本，拿起那本時，又覺得另一本更好⋯⋯，耗費多時，仍然難以決定。

發現自己割捨不下書，我有點頹喪地坐在地上，本以為這些年學佛，逐漸已能看淡世俗名利欲望，原來，「書癡」的習氣還是沒袪除。癡愛一種事物，

就算這事物看似好習慣，不也是三毒（貪、瞋、癡）中「貪」和「癡」的一種幻相嗎？

我終於累得呈一個「大」字躺在地板上，眼光餘角變換不同視野看向落地頂天的大書架，每本書好像都飄浮在空中，向我招手。

忽然，一種奇異的感覺生起，我這是在做什麼呢？我就要離開台北熟悉的軌道，去過另一個全新的生活，而自我還陷在舊習性中，茫茫然被牽著鼻子團團轉！

告別一個生活，迎向另一個生活，這情景有點像死亡之際。當生命的大限來臨時，還由得我討價還價嗎？還由得我這樣慢慢思量、做周全準備嗎？

就算皮箱再大再多，我又帶得走多少東西呢？

什麼都帶不走，除了一生的造業。

心一下清明了，我快速從書架取下我最喜愛的佛經《金剛經》、聖嚴師父著作的隨身經典《〈七覺支〉講記》、《禪修早晚課誦本》，以及另外幾本最近在看的書。

一個中型皮箱加一個大登山背包，一拉一揹，所有行李全部妥當。

9月4日，趕在出國前，前往海軍陸戰隊屏東龍泉訓練中心探視剛入伍的大兒子；登記會客後，坐在大榕樹下，遠遠看到他，全副軍裝，英挺地越過草地走過來。南台灣火熱的太陽灑滿他一身，他的笑容卻比陽光還燦爛，時光彷彿回到1979年仲夏，文河入伍後的第一個懇親日，同樣也是類似場景，彈指間，二十多年過去了。

大兒子告訴我，為了自我挑戰，讓當兵日子有意義，他已自願前往蛙人兩

樓部隊受訓。心中一時百味雜陳，這孩子從小就有主見，我還來不及說什麼，他已一手摟著女友，一手搭著老媽的肩，請同袍幫我們照相，望著鏡頭，眼前同時浮現一幕幕他從小到大的畫面——幾個月大就被我和文河帶著四處露營登山；十一個月大在鴛鴦湖划橡皮艇；一歲多在翠峰湖畔晃著小身軀奔跑；四歲爬南橫關山嶺，在碎石坡上催著我們走快一點；七歲和弟弟坐在玉山頂，扮演著石頭與樹木，以吸引小鳥靠近……。

曾幾何時，小男孩已長大了。

隔日下午和回台過暑假的小兒子同時出國，他返回加拿大，我先飛北京，一星期後再飛拉薩，晚上抵北京機場，文河來接機，遠遠看到他向我走來，瘦瘦的身材未變，只是頭髮更稀疏，白髮又多了些，倏忽我們都五十歲了。目前雖然彼此相處時間不多，但「兩情若是長久時，又豈在朝朝暮暮」？我已能真正體會戀愛時，他那句「一加一要大於二」的愛的箴言。

大學畢業二十七年了，想想，人生能有幾個二十七年？回想自己這幾年來，生命一直在轉彎，這都是昔日的我所無法想像的，感謝冥冥中引導我的神聖力量，感謝文河和兩個小孩給我的寬廣空間與支持，無論我的人生是否還有另一個二十七年，都真心祈願：「今後每一天，所做所為都能利益眾生，而眾生都能找到永遠的和諧，永遠的安詳，永遠的快樂！」

一週後，我從北京直飛拉薩，飛機橫越青藏高原上空時，熟悉的藍天出現了，雲絮在腳下飛飄，忽隱忽現的雪峰山脈，在腳底下綿延。

「我愛的西藏，諸佛的國度，I'm coming！」

法號悠然奏響，世間所有的祈願隨之飄揚，在天地間迴盪。

I 生活拾穗。

西藏諺語：「彷彿一個小嬰兒看著佛堂的壁畫。」
小嬰兒心念潔淨，不批判
就只是單純地看著每一樣出現在他眼前的事物
所以無論看到什麼都充滿新鮮感
我也學習著在日常生活中
隨時隨地都以彷彿是第一次看到似的心境去面對
那麼，就算日子再平淡、生活再瑣碎
也自有一份興味存在

Good morning 朽巴德勒

2005年9月12日一早從北京出發，午後飛抵拉薩貢嘎機場，居高臨下看到雅魯藏布江，全身血流加快，我真的又回到拉薩了，心中生起無限感恩，感謝所有成就我成行的眾多因緣！

走出機場，深吸一口氣，闊別七十多天，西藏的天空依然湛藍，雲層依然被風追逐著千變萬化，黝黑善良的藏民也依然帶著憨憨的笑容和一身香濃的酥油味。

從機場搭民航大巴進市區，以前舊路須花費近兩小時，6月份我來時正在趕工的「一隧二橋」新路工程已經完成，約一小時就抵達市區。車上有位內地來的遊客臉色蒼白、不斷嘔吐，幸而有同伴在旁照顧。

我闔上雙眼，內觀遊走身體的每一吋肌膚、每一顆細胞，輕輕對話，發覺除了因為生理還沒適應高原稀薄的氧氣，呼吸略覺怪異外，其餘安穩如山。直到下車後，揹起登山背包，拖著行李箱換搭出租車，步伐過快，呼吸頓顯急促；見到藏族友人後，因為興奮，講話一快，也差點喘不過氣。

「別急，放慢速度，慢慢來──」我不斷提醒自己。

或許，急性子的人都應該來西藏生活一陣子，自然而然會放慢生命腳步，慢下來後也會發現，「慢」宛如投入水中的一粒明礬，雜質沉澱，生命會逐漸清朗。

　　13日一早前往西藏大學報到，「留學生部」是一棟T型大樓，前面橫棟三層樓高，一樓是行政辦公室、服務台、茶水間、洗衣間和餐廳，二樓有大小不一的教室及交誼廳，三樓是更大的交誼廳。T型往後延伸只有兩層樓高，全是學生宿舍，兩兩相對，中間以走道相隔，每層可住二十多人。宿舍為單人套房，含衛生間、淋浴、廚房，基本設備有床、書桌椅、書櫃、電視、電話、互聯網等。

　　隔天早上，學校集合本學年入學的新生於交誼廳簡報，內容包括西藏大學簡介、留學生部簡介、生活環境介紹及中國政府對外國留學生的一些規定。

　　藏大前身是1951年成立的「藏文幹部培訓班」，歷經西藏軍區幹校、西藏地方幹校、西藏行政幹校、西藏師範學校等時期，1985年正式成立西藏大學。

　　說來令人無法置信，西藏面積一百二十多萬平方公里（約三十多個台灣），人口二百多萬，卻只有一所綜合性大學，也就是西藏大學，設有文學院、理學院、工學院、農學院、醫學院、經濟管理學院、旅遊與外語學院、藝術學院……等十一個學院；另外，並提供成人教育、遠端教育、函授教育、留學生教育等不同形式的辦學。全校，藏族教職員三百多人，漢族和其他少數民族教職員一百多人，學生大約三千多人，包括外國留學生約五十人。

　　西藏大學從1993年開始招收外國留學生，提供藏語文、藏族音樂、藏族美術三門學習課程，師資主要由藏學系和藝術系支援。我這次申請就讀的是「藏語文班」，下分藏文高級班、藏文中級班和藏文初級班，今年申請入學的新生將近三十人，分成初級一班和二班。

　　簡報結束後，距正式上課還有三天時間，為的是要讓大家適應高原、認識

西藏大學設有十一個學院，學生三千多人。

環境及採買生活必需品。

拉薩海拔3650公尺，9月份的溫度約8至20度，白天高原紫外線強烈，在太陽下走快些還會冒汗，但是晚上八點多太陽下山（大陸統一使用中原時區，因此西藏天黑得晚），氣溫立刻急遽下降。

許多人對西藏心存嚮往，但又擔心高原反應，其實是過度緊張，正常機制下，人體會自我調整以適應高原特殊環境。

5月進藏時，我走滇藏公路，一路慢慢從低海拔上升，身體有充裕的適應時間，所以抵達拉薩後，感覺如履平地。這回直接搭機進藏，驟然從海平面上升到3650公尺高度，剛抵達的前三天，身體還沒適應，因為氧氣稀薄，整個人不免懶洋洋地，不太想做費體力或花腦筋的事，並出現流鼻水及頭暈現象，我知道這是過渡期的正常反應，便安心地隨順身體出現各種狀況。比較嚴重的是晚上睡熟後，由於呼吸變淺，氧氣吸入量相對減少，會因氧氣缺乏導致頭痛，半夜突然痛醒。我的對策就是靜坐，緩慢地腹式呼吸，聆聽氣流自鼻孔進入，慢慢穿越呼吸道，直達丹田，觀想每一顆細胞都被氧氣所充滿，然後再慢慢吐

氣……。

　　大約過了三、四天，身體就完全適應了。

　　正式上課第一天，懷著既興奮又期待的心情踏入教室，我們這班是初級一班，共有十五個學生，第一堂課，老師要大家自我介紹，並說說爲什麼要來西藏學習藏語文。

　　十五個同學，年齡分布從二十多歲到五十多歲，共來自十一個國家，澳大

秋日的西藏大學校園。

利亞、德國、挪威、瑞典、美國、義大利、羅馬尼亞、加拿大、泰國、韓國和台灣，美籍最多位（後來知道另一班還有來自葡萄牙、英國、蘇俄和日本的學生）。每個人會來到西藏學習，幾乎都因喜歡西藏的文化、宗教、藝術、風俗民情和自然景觀，各人原有的職業，除了三個學生外，其餘臥虎藏龍，有廣告設計師、會計師、銀行員、環保工作者、電腦工程師、高中教師、翻譯師、農牧場經營者等。

　　每個人都暫時放下自己原本的身分和專業知識，讓一切歸零，化身為剛入小學的藏族學生，興高采烈地坐在教室學習，校方考量學生年齡參差，課程進展很慢，每天只教導一點點新內容，不過大家都學得很歡喜。

　　藏語稱老師為「艮喇」，我們班有三位藏族艮喇擔任三種不同的課程教學，課本使用藏英對照的《藏語語法基礎格式》與《口語會話》、藏漢對照的《拉薩口語》。我們這群「大小孩」從三十個藏文字母開始學習，宛如牙牙學語的嬰兒隨著母親一句句唱誦，艮喇讀ㄐ，我們就跟著讀ㄐ，艮喇讀ㄗ，我們就跟著讀ㄗ。

　　一開始，彼此溝通以英文為主，每天早上進教室，響起一片高低抑揚的 Good morning。等大家學會藏語早安「朽巴德勒」後，耳邊聽到的便是帶有各國腔調的「朽巴德勒」，藏民聽了可能莞爾，但不管說得道不道地，大家都很勇於開口。

　　忽然有了一個異想天開的想法，若是有那麼一天，全世界的人都學了佛，見面時的招呼用語，不就是「阿彌陀佛」嗎？阿彌陀佛，阿彌陀佛，阿彌陀佛……。嗯，到那時候，世界應該就會少了許多紛爭與亂象了吧！

一句〈六字真言〉就是一生

藏語的發音因地區不同分為拉薩、康巴、安多三大系統，我們學的是俗稱「官話」的拉薩音。各地發音雖不同，但文字相同，均由三十個輔音字母與四個元音符號組成。這部分由於發音規律，學習起來並不困難。

學會基礎的三十個輔音字母與四個元音符號後，進入困難的「拼讀」。困難之處在於藏文結構以一個字母為核心，稱為「基字」，在基字的上、下、前、後及後後方，附加上其他字母，才組成完整的結構（最複雜的藏文結構是一個音節由七個成分組成）。一旦加上這些稱為「上加、下加、前加、後加及後後加」的元素後，不但讀音改變，連高低聲調也都會改變。

就像漢字有同音不同義的字，藏文也有許多發音相同但寫法不同的字，意思也不同，這些字詞很傷腦筋，就算會說也不一定能拼寫正確。

造成困擾的還有「敬語」，相同的一個詞，和同輩或比自己年輕的人說話用普通語；和年長或身分比自己高的長輩說話用敬語；更講究的，和活佛、上師說話時還有高級敬語，而三者通常完全相異。簡直就是記憶力的大考驗！

藏文有兩種字體，「有頭字」用於印刷、雕刻和正式文書，相當於漢字的楷書；「無頭字」用於書信，相當於漢字的草書。我們學的是有頭字，字體呈方型，寫起來簡潔、清晰、線條優美。

目前已不常見的西藏傳統竹筆，是最能表現藏字美感的書寫工具，寫出來

的字呈現出一種雕刻圖畫似的立體美，就像漢地的毛筆字，傳遞著藝術之美！

在學習過程中，艮喇曾簡略介紹藏文起源已有一千三百多年歷史，創造藏文的地點就在帕崩卡，位於拉薩北郊聶日山腰，是西藏文字的發祥地，至今還保存有創造藏文後首度寫成的第一塊〈六字眞言〉石碑。

有關藏文的創造，一般都認爲是吐蕃王朝松贊干布時代，由大臣吞彌・桑布扎仿照古梵文而成。雖然現代有些學者持不同看法，認爲早在桑布扎創造現今通用藏文前，藏族應該就已發展出文字，但西藏歷史資料均記載桑布扎爲「藏文之父」。西元七世紀，松贊干布建立強大的吐蕃王朝，並於拉薩平原興建雄偉的布達拉宮後，聲名遠播，各國君主紛派使臣帶賀禮前來恭賀。天竺（今印度）使者離去前，懇請松贊干布寫封國書，以帶回交差。刹時，松贊干布面紅耳赤，因爲吐蕃國沒有文字，爲了雪恥，他派遣最信賴的賢臣桑布扎，前往天竺學習。

桑布扎走後，有一天，松贊干布在布達拉宮頂樓散步時，想到創制文字是件艱鉅的工作，桑布扎學成回國後，必須有個殊勝之處讓他專心創制，正想著，一抬頭，北方山脈躍進眼簾，在聶日山的南面山坡上，有塊雄奇巨石，狀如大龜，氣勢磅礡。於是調遣工匠，以大龜石爲基，修築了一座九層樓的碉堡宮殿。

桑布扎於天竺學習文字學和修辭學，也學習各邦不同文字，鑽研各種文字結構，廣泛閱讀文學作品及佛學經典，他的博學多聞令天竺學者刮目相看。

十三年後，桑布扎學成，帶著大量書籍，歷盡艱辛返回吐蕃，住進帕崩卡，閉門鑽研。他依據吐蕃語言的特色、發音位置等各種要素，再參考梵文，

終於創造出藏文，並以之編寫了《三十頌文法》、《文字變化法則》，便於後人學習。

桑布扎將這一切呈給松贊干布，松贊干布眉開眼笑，拜桑布扎為師，研習藏文，並宣布作為吐蕃王朝的統一文字。從此，以這套文字弘揚佛法、翻譯佛經、制定法律，對吐蕃的文化發展起

▌ 由大龜石西側小門可進入洞穴，傳說是松贊干布修行的密室。

了重要作用。

昔日九層高樓的宮殿早已崩坍，今日帕崩卡是何面貌？在一個春日午後，我和一位阿尼（女僧侶）結伴前往。搭車抵柏油路終點後，下車步行，穿過小山村，人煙漸渺，沿著一條崎嶇不平的土石路緩緩上山。四處無遮蔭，海拔近4000公尺的春陽雖不炙熱，但走久了也是汗流浹背。

　　阿尼只會說幾句普通話，我們邊走邊用簡單藏語聊天，偶爾停下腳步回望山下的拉薩城，布達拉宮一清二楚，我好像看到一千三百多年前，站在布達拉宮頂層往這兒望的松贊干布呢！

　　一路上山，只要抬頭就可以看到依偎在聶日山腰凹谷的帕崩卡遺址，曾建築九層宮殿的大龜石上，目前僅存重建的兩層樓半圓型建築。

　　走近了，才看清大龜石高出地面十來公尺，頂部是塊平台，北側為方形，築有石階供人上下，南側呈半圓形高崖，西側往裡凹入形成石洞，據說是松贊干布修行的密室，有塊他打坐專用的大青石板已經被紅色的大理石封住，洞內壁上還有天然浮現的護法神雕像。

　　帕崩卡目前屬色拉寺，由一位德高望重的老仁波切帶著一些僧侶於此修行。在大經殿裡，我看到了第一塊以藏文書寫的「嗡嘛呢唄咪吽」〈六字真言〉刻石，嵌於壁上，以玻璃框裝裱供奉，四周撒滿民眾供養的紙鈔。六個藏字浮雕，蒼勁有力。我往前近看，又退後遙望，昔日，當桑布扎首度用自己創造的藏文寫下這六個字時，想必也是近看遠看左瞧右

▍第一塊以藏文書寫的〈六字真言〉刻石。

瞧，心中充滿無可言喻的歡欣吧！

　　寧靜的帕崩卡，沒有紛擾的遊客，平日朝聖藏民也不多，只有藏曆四月薩嘎達瓦節時，轉山朝聖的藏民才絡繹不絕。眼前整體氛圍寧謐，讓人心念收攝。山谷下方是沐浴在暮色蒼茫中的拉薩平原，布達拉宮依然以王者之姿凸顯於城市之上。

　　四方寂靜中，傾聽著黃昏的風聲，望向大龜石，揣摩一千三百多年前，桑布扎經過十多年努力，終於創造出藏文，當他提筆在石上寫下「嗡嘛呢唄咪吽」六字時，是怎樣的心情呢？十多年來的辛勞全凝聚於筆端，化為每一筆一劃，那一刻，他知道自己將永遠活在後世藏民心中嗎？個人的榮華名利，會在肉體死亡後消失，只有利益眾生的作為，能名留千古，為民所傳頌！

　　這〈六字真言〉又稱〈六字大明咒〉，也就是觀世音菩薩心咒，是除苦成佛的方便法門。今日，有人以「一句〈六字真言〉就是一生」形容那些不識字、虔信佛教的藏民，他們人手一支瑪尼輪，不停轉動，不停口誦「嗡嘛呢唄咪吽」。回看歷史長河，桑布扎會以〈六字真言〉作為藏文的首度試寫主題，冥冥中也不是偶然！

這是我後來才明白的道理——即使我刻意曬黑膚色、穿藏服、吃糌粑、喝酥油茶、不常洗澡、學說藏語……，但無論如何，我終究還是漢人。熱愛西藏文化、喜歡和藏民交朋友，不一定要追求形式的相像，最重要的是互相尊重，如實相處。

「互相尊重，如實相處」，也是我和班上同學交往的原則。

我們這一班上學期有十五個學生，到下學期只剩十一個。每天上課時數不多，週一到週三每天四堂課，週四及週五只有兩堂課。我和韓籍同學曾前往辦公室抗議上課時數過少，校方答覆，以前課排得多，但歐美學生均反對，後來就固定每週只排十六堂課，餘暇方便學生自行安排。

由於屬成人教育進修，不計學分，也無學位，對學生約束力不大，上課紀律偏向鬆散，常有同學姍姍來遲。學期剛開始，基礎課程較簡單，大家學習興致高昂；之後，課程逐漸加深，有些不太用心上課及疏於復習的同學，課堂上聽不懂，開始翹課，但一旦缺課，就更跟不上進度，形成惡性循環。到了下學期，同學程度明顯拉開，造成老師授課的困擾，只好重複教學。

除去這些困擾，全班同學相處融洽，各有特色。

坐我左側的是全班最年輕的挪威女孩Engli，今年二十一歲，笑容甜美，上課最常聽到她爽朗的笑聲。她的藏名叫「格桑尼瑪」，格桑是一種藏地常見的

花，尼瑪則是太陽的意思，真是傳神極了。

點子特多、堪稱班上活寶的Engli，每天情緒都很high。冬季天冷，她常在下課時帶同學模仿球賽啦啦隊律動，身材豐滿的她動作俐落，隨著節奏扭腰擺臀，拍掌揮手，變化多端，全班同學手忙腳亂地依樣畫葫蘆，歡笑聲不斷。

Engli個性活潑，勇於發問，有回問老師：「艮喇，kiss me藏文怎麼說？」全班同學起鬨，開她玩笑：「妳交了藏族男友嗎？」老師略顯尷尬，但微笑著將藏文寫在黑板上，Engli又一本正經問：「有敬語嗎？」老師說：「喔，那就是Kiss me, Please.」隨即用藏語說了一遍，全班更是笑成一團。

坐我右側的是德籍中年女子Elka，外表和個性都乾淨俐落，我和她英文名字相近，剛開始，藏族老師發音含糊，每回點名，我倆都面面相覷，不知是叫Elka還是Echo？

Elka酷愛咖啡，首次邀請我到她房間喝咖啡聊天時，我帶著一包餅乾赴約，她搬出煮、喝咖啡的全套器具，看得我都傻眼了。當知道我是佛教徒後，她對台灣佛教和西藏佛教的異同表現出高度興趣，可惜我英文不好，結結巴巴說不清楚。

Elka未婚，宿舍牆上貼滿父母及已婚兄弟的全家福照片，從她熱切介紹的聲調中，感覺得出她和家人關係親密。她很用功，每次經過她房間，常聽到她緩慢、大聲拼讀藏語的特殊腔調聲。上學期她學習狀況不佳，會話落後，沒想到下學期開學，會話變流利了，還以藏語問老師問題（一般藏語不好的同學都以英語發問）。我驚訝地問她怎麼回事？她得意地用藏語回答，原來長達七十天的寒假，她除了到尼泊爾旅行一趟外，其餘時間都留在宿舍反覆練習。

　　班上唯一年紀比我大的是來自澳洲的Susan，是個虔誠的藏傳佛教徒，隨身帶著一長串念珠，上課時常以英文請教老師相關佛教的問題。可惜她學習狀況不佳，加上思念家人，上學期還沒結束，就休學返回家鄉。

　　固定坐在最後面靠窗位置的John，是美國人，個頭高瘦，外表有點兒吊兒郎當。有回他走進教室，正好老師要小考，他一聽，二話不說，轉頭就走，期末考也拒絕參加。John在外蒙古遊學過，會說、寫一些蒙古話，有時心血來潮，便權充老師教同學蒙語。有一回，我們在公車上相遇，一聊才知道他遊學過好多國家，很喜歡這種遊學各國、充滿新鮮感的生活。我問他不想念家人嗎？他搖搖頭沒說話。是表示不想念還是沒家人？我不好意思再追問，看來每個人都有自己的故事。

▌陽光明媚，同學們於校園草地上聯誼。

　　和我交情最深的同學是一對韓國籍夫婦，年約四十，先生中文程度很好，能看懂中文書籍，在韓國時是高中教師，太太在銀行工作，2000年連袂退休。夫妻倆先在韓國學中文，接

著於北京住了半年，再應聘前往甘肅蘭州教授韓語三年。由於夫妻倆都喜歡西藏，也無子女牽絆，便申請來到西藏。

　　太太Miok熱心助人，時常主動幫助窮苦小孩，持續救濟好幾個後藏的孤兒。和她深交後，我對她超越國界的慈悲心佩服得五體投地。我們三人通常以藏文加中文溝通，聊得很愉快。Miok常邀請我吃飯，我不想增添她麻煩，加以婉謝，她總是說，韓國人重視三餐，連早餐都擺滿一桌，我加入只是多添一副

▌冬季的藏大校園呈現雪國風光。

碗筷，一點也不麻煩。

但我對「氣」比較敏感，每回一進他們宿舍就頭暈，因爲藏大宿舍均爲單人房，他們的雙人床加上冰箱、烤箱、電鍋、洗衣機、飲水機、電腦加印表機等，還有醃製泡菜的大甕缸，擁擠不堪，氣場滯礙。反觀我的房間，簡潔陳設，淡淡藏香飄揚。

此外，其他同學還有來自羅馬尼亞的Paul，女友在昆明大學讀中文，喜歡畫畫，會用西藏傳統竹筆寫一手漂亮的藏字；有個中文名字「瑞琪」的美籍女孩Richrl，藏語發音標準，時常受到老師稱讚，也時常烤「超甜」的蛋糕和同學分享；總是帶著寵物白兔來上課的泰國女孩阿姜拉……等。

同學大都愛玩，課餘常邀集上pub、郊遊或前往特色餐廳聚餐，我只參加慶祝期末考試過關的聚餐，其餘都婉拒。每個人的意識就像相機的鏡頭，要對焦在哪裡是操作相機者的選擇，我不想讓生活模糊一片。我也清楚知道，年輕人喜愛的感官娛樂，絕不是我要追求的。

熟識班上同學後，我常常在下課時，倚靠在教室窗邊，一邊享受陽光一邊環視同學，金髮、黑髮、紅髮，少數幾個還摻雜白髮，個性有活潑、穩重、調皮，膚色各異，環肥燕瘦，感覺眞是非常奇妙。讓我聯想到「眾生平等」，無論種族信仰，無論貧富貴賤，無論性別年齡，眾生既是那樣地不同，又是那樣地相同。

「十年修得同船渡」，來自十多個國家的我們這一班，能同窗一年，也是前世修來的緣吧！

藏地四寶

收到文河寄來的阿里山高山茶，我其實不懂茶，只喜歡看著茶葉從卷曲到舒展的過程，一片茶葉隱藏一生，乾燥卷縮的茶葉彷彿濃縮的生命，一和熱水相遇，再度復甦釋放，暗香浮動。幾回沖泡後，褪盡茶色香氣，生命復歸沉寂，就在這短暫的過程中，把一生獻給了品茗者。

寒夜客來茶當酒，這「茶」到了藏地就要改成「酥油茶」，用酥油茶待客，是藏族的古老傳統，連半路遇到的陌生藏民，都會熱情地邀人一起享用酥油茶。

酥油茶的製作，是先將茶葉或磚茶用水熬成汁，倒入約半人高的酥油茶桶，同時放入一定比例的酥油（從犛牛油提煉而成）和食鹽，然後以木製攪拌器上下攪動，混合後，倒入鍋裡加熱，便成香濃可口的酥油茶了。寒冷的冬天，酥油茶的熱量最能袪寒保暖，我常以雙手環抱杯子，慢慢啜飲，享受從手、口到心滿溢的溫暖。

藏族朋友總是說，初抵西藏的人多喝酥油茶可以緩解高原反應，原因何在？他們說不清楚。不過真的有效，我照作總是很快就適應了。

每回喝酥油茶，在香醇中浮現的意象是那長相憨憨的犛牛，於藏區旅行，常常看到牠們，總是懶洋洋的，安安靜靜地吃著草。有幾回在雪地中遇到，身軀落滿雪，遠遠看去不動如山，彷彿凝固，成為雪景的一部分。

　　不論貧富，飲茶可以說是藏族人最愛的享受。西藏不產茶葉，爲何藏人這般愛喝茶？據載茶葉傳入西藏是在吐蕃王朝時，後來形成一條以茶貿易爲主的「茶馬古道」，別稱「西南絲路」。藏族茶文化，主要喝酥油茶及甜茶，很多外地人喝不慣酥油茶，除了因爲酥油味道特殊外，還因爲酥油茶是「鹹」的。藏族有句諺語：「茶裡沒鹽水一樣，人無廉恥鬼一樣」，傳達出他們認爲茶中放鹽的重要性。

　　我第一回喝酥油茶也覺得鹹的口味有點怪，但多喝幾回後，便愛上了那混合茶芬芳與酥油香濃味的甜甜鹹鹹綜合飲料，尤其身處雪域高原冷冷的空氣中，就只有喝熱呼呼的酥油茶最對味。

　　至於甜茶，可能是受尼泊爾影響，目前在拉薩地區，人們時尙喝甜茶。甜茶就是在清茶裡加奶和糖，很像台灣奶茶。拉薩街上到處可見的藏式茶館，都只供應甜茶和藏麵，內部布置簡單，擁擠又髒亂，卻是三教九流藏民休閒、社交的好去處。許多人喝著一杯又一杯的甜茶（一杯三毛錢），餓了吃碗藏麵，識與不識都可以交換八卦，天南地北閒聊，聽說像「網吧」一樣會上癮，有人一天不上甜茶館就坐立難安。

　　每回到藏族朋友家，還沒坐定，他們便會殷切地問：「要喝酥油茶還是甜茶？」然後拿出準備好的保溫熱水瓶，略微搖晃，斟滿瓷杯或木碗，雙手捧給我。我喝一口後，只要杯子一放回桌上，他們立刻又斟滿，隨喝隨添。若我顧著說話沒喝，他們會以雙手捧起茶杯，送到我面前，笑盈盈地用藏語提醒：「請喝茶！」天冷時，茶很快便涼了，他們一發現，立刻拿去倒掉，重新斟滿熱呼呼的一杯奉上。

以酥油茶待客，是藏族的古老傳統。

除了酥油茶，藏區最特別的飲食是糌粑，吃糌粑好像小時候「扮家家酒」，先在碗中放入炒熟磨細的青稞粉，倒入酥油茶，依個人喜好甜度加入白糖，然後一手持碗，另一手的拇指扣住碗外緣，其餘四指沿著碗內緣同方向攪拌，直到均勻捏成團，便是「糌粑」。

一般人看到這樣直接以手攪拌，直覺不衛生，但是吃糌粑的樂趣就在於親手攪拌的過程。尤其和藏族朋友對坐，一人一碗各自攪拌，一邊閒話家常，拌勻後，抓起一口放進嘴裡，慢慢咀嚼，再搭配一口酥油茶，嗯，真是人間美味！

藏人其實不像漢人重視美食享受，飲食只是為了生存的需要。藏族諺語：「把盛裝穿在自己身上，把佳餚留給尊貴的客人」，寫出了他們以客為尊的飲食觀，凡是到過藏區的人，對藏族的好客都留下很深的印象。

由於青藏高原平均海拔4000公尺，高寒、缺氧及乾燥，缺乏蔬菜水果，整體而言，他們的飲食非常簡單，只有「四寶」——青稞、牛羊肉、奶品和茶。

青稞是藏地的主要農作物，耐旱耐寒，營養價值高。除了當主食，還可釀成青稞酒，淡淡的香醇酸味，非常好喝。

藏人忌吃小動物，認為同樣一個生命，殺死一頭牛或羊可以供幾個人維生數餐，而雞、鴨、魚等體型小，只能填飽一個人。因此，肉類以牛羊為主。

藏人吃的牛肉是有「高原之舟」別稱的犛牛，身長腿短、體軀龐大的犛牛，全身都是寶。除了是運輸工具；肉及內臟可食、奶可飲；從奶中提取的酥油是藏地主要食物；皮可做成牛皮船、帳篷、冬衣；毛可撚成堅固的繩子；絨可織成上等毛呢、絨毛衫；尾可製成拂塵；骨可加工製成飾品；糞便既可當肥料又可當燃料。

呵，全世界再也找不到如犛牛一般全身都被利用得淋漓盡致的動物了，難怪藏人視犛牛為「寶」，白色的犛牛還被視為「神牛」崇拜呢！

我遊學拉薩期間，不少台灣朋友好奇我如何解決吃的問題？運氣很好，拉薩市僅有的兩家 ❶ 素食餐館之一就開在藏大側門，素雅乾淨，主要客人都是藏大師生。週一到週五中午供應三菜一湯的快餐，五元就解決了。

後來我買了壓力鍋，自己開伙，每煮一次飯吃上兩天。第一天吃乾飯，第二天吃什錦蔬菜泡飯或煮成什錦蔬菜粥，基本配料都是乾香菇、枸杞、乾金針和腐竹，再變化著加入各種新鮮蔬菜，五顏六色的什錦，像極五彩的秋色。

自己開伙吃素，但到藏族朋友家就入境隨俗，除了婉拒整塊風乾的生犛牛肉外，他們吃什麼我就吃什麼。

　　事實上，由於遊客多，拉薩街頭餐廳林立，藏式、西式、尼泊爾、印度及內地各省美食應有盡有，只是對我不具吸引力。

　　以往缺少蔬菜水果的藏地，因漢人大量移民，引進農耕技術，加上公路、鐵路運輸愈趨便利，如今拉薩市場一年四季都買得到各種時鮮貨，連帶市區藏民的飲食習慣也趨向漢化，但大多數的藏民依然吃得很簡單。

　　我想，當一個人的心靈被信仰所充滿時，「吃」不過是維持生理運轉的一種方式罷了！

❶ 2007年11月，拉薩已有四家純素食餐館。

▌青稞是藏地最主要的農作物，在風中綠浪翻湧。

白天是活佛，夜晚是詩人

那一天，我閉目在經殿的香霧中，驀然聽見妳誦經中的真言；

那一月，我搖動所有的經筒，不為超度，只為觸摸妳的指尖；

那一年，磕長頭匍匐在山路，不為覲見，只為貼著妳的溫暖；

那一世，轉山轉水轉佛塔，不為修來世，只為途中與妳相見。

—— 六世達賴喇嘛詩作 ❶

擔任《藏語語法基礎格式》課程的僕沖老師，曾留學挪威三年，英文流利，博學多聞，時常穿一襲改良的短藏袍，講起課來唱作俱佳。有回他在課堂上舉例說明一個生字時，隨口哼唱了幾句，歌聲嘹亮，中氣十足，全班為之驚豔，纏著他教唱藏歌，他想了想，在黑板寫下一首藏文歌詞，意思是：

潔白的野鶴啊，請你借我雙翼，不到遠處高飛，理塘轉轉便回。

啦啦啦啦啦啦啦……，不到遠處高飛，理塘轉轉便回。

他解釋這是一首藏地家喻戶曉的民謠，作詞者是六世達賴喇嘛倉央嘉措。當時人們說這首詩預言了他的轉世將在理塘（位於藏東地區）誕生，後來果真應驗。

　　五年前我首度入藏，參觀布達拉宮時，地陪介紹布達拉宮分「白宮」與「紅宮」兩大部分，白宮是達賴喇嘛處理政務和生活起居之處，紅宮主要舉辦宗教活動，主體包括歷代達賴喇嘛靈塔和佛殿，共有八座靈塔，從五世達賴喇嘛開始到十三世達賴喇嘛（現今流亡印度的達賴喇嘛為十四世），每世圓寂後都修建了一座靈塔。我算了一下，咦，怎麼少了一座？仔細參觀後，發現獨漏六世。詢問地陪，她解釋因為六世達賴喇嘛爭議很多，褒貶不一，所以未修建靈塔。

　　我對六世達賴喇嘛的好奇心始於此，後來陸續看了一些有關他的報導，他是西藏最傑出的詩人，西藏人民至今仍在傳唱他留下的美麗詩篇。他的一生曲折傳奇，讓我慨歎造化弄人。

　　六世達賴喇嘛倉央嘉措的老家，位於西藏南部偏遠的一個山村。1682年五世達賴喇嘛圓寂後，由於牽涉權勢利益，當時執掌大權的攝政王桑結嘉措，偽言達賴喇嘛入定，密不發喪十五年。所以，倉央嘉措未如其他轉世靈童在短期內被尋獲，進宮接受佛法教育和嚴格的戒律約束；而是一直在民間過著自由的世俗生活，直到十五歲才被迎入布達拉宮，舉行坐床典禮。

　　十五年是段不短的歲月，倉央嘉措深受當世習性影響，他恰如一般青春期的少年，熱情奔放，嚮往愛情，喜愛詩歌、美酒。當他入駐布達拉宮後，割捨不下家鄉及青梅竹馬的情侶，化思念為詩歌：「風啊，從哪裡吹來？風啊，從家鄉吹來。我幼年相愛的情侶啊，風兒把她帶來。」❷ 他像個雙面人，白天是活佛，夜晚是感性的少年詩人，微服流連於拉薩小巷的酒館，寫情詩，尋芳獵豔，沉醉於美酒和愛情之中。

理塘為七世達賴喇嘛出生地，行政區屬於四川省，是前往西藏自治區及雲南省的重要門戶。

但是紙包不住火，他的行爲傳進西藏政府官員耳中，受到大力撻伐，而他的上師五世班禪喇嘛獲悉後，也規勸他以修行爲重。倉央嘉措的掙扎既深且痛，他寫了許多詩描繪：

在法力無邊的上師面前，求他收起我的凡心；
可是凡心是收不住的呀，它又使我失魂落下凡塵。

若隨順美女的心願，今生就和佛法絕緣；
若到深山幽谷修行，又違背姑娘的心願。

出家與俗世的煎熬，迫使他也曾跪在扎什倫布寺（班禪喇嘛駐錫地）前，對五世班禪喇嘛請求：「你給我的袈裟我還給你，你在我身上的教戒也還給你，六世達賴喇嘛我不當了，讓我回去過普通人的生活吧！」

無疑地，六世達賴喇嘛是有始以來布達拉宮唯一的叛逆，他毫不隱瞞地寫：「入夜去會情人，破曉時大雪紛飛，足跡已印到雪上，保密還有何用？」也曾嘲諷享有特權的僧侶：「僅僅穿上紅黃色袈裟，假若就成喇嘛，那湖上的金黃野鴨，豈不也能超度眾生？」「向別人講幾句經文，就算三學佛子，那能言會道的鸚鵡，也該能去講經布道。」

身處政治漩渦，他最後還是難逃政治犧牲品的命運 ❸。坐床第九年，年僅二十四歲的他，被冠上「耽於酒色，不守法規」的罪名，遭到廢立，解送北京。但無論他有多少風流韻事及違反戒律的行徑，都不減損他在藏民心目中的地位。當

他被押解離開西藏時，藏民沿途相送，淚流滿面。至今西藏民歌還傳唱著：「別怪活佛倉央嘉措風流浪蕩，他所尋求的，和凡人沒有什麼兩樣。」

他最後的命運呢？眾說紛紜，有說押解途中風雪倏至，他隱入風雪消失；有說押解至青海湖時躍入湖中失蹤；有說抵內地後被清廷軟禁於五台山圓寂；有說被押解的官兵放走，遊歷四方，最後於內蒙古落腳，擔任寺廟住持，六十四歲圓寂。

無論真相是什麼，不難看出藏民對六世達賴喇嘛的喜愛，一般都認為是因為他使用民間語言和民謠風韻，將人民的樂與苦、愛與憎，及統治階級政治角逐和宗教戒律束縛所帶來的苦悶等，全表現在詩歌中，洋溢真摯情感，所以為藏民普遍傳唱。更或許因為他不是布達拉宮裡高高在上的活佛，而是一個有著和小老百姓相同七情六欲的人。民間至今還流傳著：「格薩爾王的故事多，百姓嘴裡念的佛語多，倉央嘉措跨過的門檻多」，意思是他走入民間，為眾多百姓說法講經、祈福、除災等，藏、蒙、滿各族人民對他都非常崇敬。

今日在拉薩的書店，可以看到不同版本談六世達賴喇嘛的書，內容大都以他的「情歌及祕史」為主，一首首詩歌，展現了詩人豐富細膩的感情：

花時過了，蜂兒並不悲傷；
緣分盡了，我也無由悵惘……

我的意中人兒，如果去學佛法，
我也馬上離開這兒，到山洞裡去陪伴她。

凝思默想喇嘛的容顏，連個影兒也不從心頭顯現；
無心去想情人的丰采，卻清清楚楚，如在眼前。

第一最好是不相見，如此便可不致相戀；
第二最好是不相知，如此便可不致相思。

大雪紛飛，布達拉宮若隱若現，一片迷濛。

　　自從課堂上學唱了六世達賴喇嘛的詩歌後，每當路過八廓街「瑪吉阿米」餐廳，我總會駐足觀望這間傳說是他私會情人所在的黃房子，想像三百多年前他的矛盾心境。有幾次我半夜醒來，銀色的月光透過紗窗照進宿舍，一室明亮如畫，也會想起他另一首著名的情歌——

　　從那東方山頂，升起皎潔的月亮；
　　親愛姑娘的容顏，浮現在我心上。

　　那應該是在漫漫長夜中，同樣溫柔的月光下，他有感而發寫下的吧！
　　啊，教人如何看待六世達賴喇嘛的一生？或許只有《金剛經》中的四句偈最適合吧！

　　一切有為法，如夢幻泡影，如露亦如電，應作如是觀。

----

❶ 原為音樂「信徒」歌詞，作詞者何訓田，後於網路廣為流傳，衍生成詞句略有差異的各種版本，並被附會為六世達賴喇嘛詩作，一般都認為此詩作最能傳達六世達賴喇嘛的詩人浪漫情懷。

❷ 本文所引六世達賴喇嘛詩歌，依據西藏人民出版社編著《六世達賴倉央嘉措情歌及祕史》一書。

❸ 據載，九至十二世達賴喇嘛也都是政治犧牲品，九世十一歲、十世二十二歲、十一世十八歲、十二世二十歲，都是突然逝世。一般懷疑他們是被毒死，清朝政府也認為死因可疑，進行驗屍及追查，但最後都不了了之。

鐵鳥天上飛，鐵馬地上跑

藏文中有許多字饒富興味，引人聯想，例如：「謝謝」藏語發音「突皆切」，字面意思是「大悲心」；「財富」藏語發音「久諾」，久是原因，諾是錯誤，象徵「財富是錯誤的原因」；「飛機」藏語發音「南築」，意思是「空中的船」……。

藏族人對飛機的形容真是傳神極了，使我之後看到飛機，就會產生意象「飄浮在雲海之中的船」，然後又想到「飛行在空中的鐵鳥」。一千多年前，自印度前來西藏弘揚佛法的蓮花生大師，曾經預言：「當鐵鳥飛翔、馬匹在輪上奔馳的時候，藏人會散布到大地的每一角落，佛法將傳到紅皮膚人的土地上。」他所說的「鐵鳥」指的正是飛機。

成都往來拉薩的飛行時間約一百分鐘，我曾有數次搭機經驗，在走過滇藏公路及川藏公路後，搭機猶如換個角度瀏覽這片山川，不同的視覺，相同的感動。

成都空氣品質不佳，常常灰濛濛一片，能見度很低。起飛後，我就開始期待，果然，隨著往西飛行，進入青藏高原上空後，藍天浮現。這個經驗很像有幾回從桃園機場起飛，天氣陰霾下雨，但當飛機爬升到某個高度後，穿破雲層，突然就進入萬里晴空之中，那燦爛的陽光恍如隔世。

我總會在飛機穿破雲層進入蔚藍天空的剎那，想到佛教「自性藍天」的說法，西藏人尤其喜歡用天空比喻人們的本初心──廣大無涯，無法掌握。當它

被雲層覆蓋時，凡夫只看見雲層，其實天空並沒有消失，它永遠在那裡，天空就是天空。

從飛機上俯瞰高原，天氣不好時，只能看到幾座特別高的雪峰突出於大片雲海之上；天氣好時，高空雲朵稀疏，滿覆積雪的峰嶺連綿到地平線彼端。飛機飛過切割窄深的山谷，飛過平緩的雪坡，飛過散落山間的大大小小水池，偶爾出現河流，那應該就是孕育青藏高原生命的金沙江、怒江、瀾滄江、雅魯藏布江吧，如黃絲帶鑲嵌在山與山夾峙的谷地之間，隨群山走勢共蜿蜒！

億萬年前這裡曾經是一片汪洋大海，如今從空中往下俯視，起伏的山巒如海洋凝固的波浪，真像是白色的汪洋呢！白皚皚的雪山、墨綠色的森林及黃褐色的土地錯落鋪展，磅礡大氣令人身心頓然敞開。

飛機，真是人類最偉大的發明，沒有翅膀的人類才得以滿足翱翔天際的嚮往，每回站在機場落地窗前，望著停機坪上眾多飛機，我都禁不住在心中向這宛如空中之船的鐵鳥致敬與致謝。

而在現代流行歌曲中，「鐵鳥」被美化為「神鷹」，那首由藏族詩人扎西達娃填詞，由藏族歌手亞東唱紅的〈嚮往神鷹〉，是這樣唱的：

在每一天太陽升起的地方，銀色的神鷹來到了古老村莊。
雪域之外的人們來自四面八方，仙女般的空中小姐翩翩而降。
祖先們一生也沒有走完的路，
啊，神鷹啊！神鷹啊！轉眼就改變了大地的模樣。
哦！迷迷茫茫的山，哦！遙遙遠遠的路。

哦！是誰在天地間自由地飛翔。

啊，神鷹啊！你把我的思念帶向遠方。

心兒伴隨著神鷹，飛向那遠方，想看看城市的燈火和藍色的海洋。

當夢想成真，走進寬敞的機艙，俯看天外世界，止不住熱淚盈眶。

父輩們朝聖的腳步還在回響。

啊，神鷹啊！神鷹啊！我已經告別昨天，找到了生命的亮光。

哦！搖搖滾滾的風，哦！飄飄灑灑的雨。

哦！藍天的兒子又回到了故鄉。

啊，神鷹啊！你使我實現了童年的夢想。哦！夢想……

▌ 從飛機上俯瞰，河流如黃絲帶鑲嵌在谷地，隨群山走勢共蜿蜒。

　　這首紅極一時的歌曲是爲第一批藏族飛行員而寫，藏區到處都可聽見藏民哼唱，或許它不僅代表著一種飛上藍天的驕傲，也代表著藏族年輕人的心聲，正如我們外地人嚮往雪域高原的遼闊、壯麗，藏族年輕人同樣也渴望著都會的繁榮與多采多姿。

　　「鐵鳥」翱翔天際雖令人嚮往，和人的關係卻有點遙遠，在我心目中的親密排行還不如我那部中古「鐵馬」——我在拉薩一年的代步工具腳踏車。

　　拉薩的交通工具，有中巴、小巴及三輪車，還有十元起跳的計程車，考量

▌人力三輪車是拉薩市區遊動的一道風景。

便利性及運動健身，抵拉薩沒多久，我興起買輛腳踏車的念頭。

找了一個星期天，和韓籍同學前往新興社區「太陽島」，那裡的店家幾乎都是漢人，有不少二手腳踏車行，我們一家一家找車，終於找到一輛車況及價錢都適合我的，在試騎時，天空忽然飄下點點白色的小碎片，我才在想：「是誰家調皮小孩在玩保麗龍？」店老闆的聲音在後面響起：「下雪囉！」伸手一接，真的是雪花滿天飛，這是我到拉薩後初次下雪，心中一樂沒再殺價，八十五元成交，趕緊騎回學校。沒戴手套，握著車把的手迎著風中雪花，差點凍僵。

當天夜裡十一點打坐時，剛坐定，腦海裡閃現白天才買的腳踏車，老闆送我大鎖時直接套在坐墊下，而我騎回學校後，只有拉出鎖頭扣住車棚欄杆，沒有穿過輪胎……。

啊，我鎖住的只是欄杆，不是車子！直到當下忽然明白，別人只要將鎖鍊從坐墊往上一抬，車子就自由了。我怎麼那麼呆頭鵝啊？

雖然意識到這點，不過我也不打算在寒冷的夜裡，走出房門，下樓去補救。念頭轉了一下，我更是啞然失笑，原先不敢買新車就是怕遺失，現在只不過是一輛舊車，也一樣擔心被偷，我這不是庸人自擾嗎？

當一面牆上完全沒有釘子時，你什麼都掛不上去，一旦有了一根釘子，你就會掛上一樣東西；有了兩根釘子，你就會掛上兩樣東西……，我們的心原來就是這樣自尋煩惱、這樣有罣礙的啊！

我決定放下，安心打坐。

不過就寢後還是作了個夢，夢到腳踏車真的不見了。唉，真是無明的人！

有回上課，學到生字「德吉」，老師解釋這個字的意思是「幸福」，但同時也是人名。藏族取這個名字的人特別多，為什麼？因為這個字由藏語「德缽」和「吉缽」組合成，「德缽」指身體的安樂健康，「吉缽」指心靈的愉悅舒服，當一個人身和心都健康愉悅，也就達到了人生最美好的境界。

我認識的一個盲女孩也叫「德吉」，當初父母為她取名時，想必也滿懷期望，希望女兒一生擁有健康安樂的身心，而得知女兒要在黑暗中摸索一生的那刻，不知心裡是多麼地難過！幸而，老天沒有遺忘他們，一個機緣，德吉進入拉薩「盲人教育訓練中心」學習，畢業後，以按摩自力更生。從她展露自信的笑語中，她今生的命運就算無法十全十美，但也是不幸中的大幸！

在拉薩生活了一段時日後，發現藏人偏愛將生活中的一切都與「吉祥」劃上等號。最能代表的經典之作就是「扎西德勒」（吉祥如意），藏人將這一句話掛在嘴邊，見面說、告別說、節慶說、祝賀說……。或許是因為雪域高原的生存環境太艱苦，加上受宗教信仰的影響，取名字更是不離「吉祥」，名字所呈現的吉祥意味，全世界無以過之。

也就是因為藏人普遍都以吉祥、美好的形容作為名字，兩人同名重複的機率很高。看過一份調查報告，在一百多個學生中，叫卓瑪的佔13%，叫次仁的佔8%，叫扎西的佔7%，叫多杰的佔5%等。

　　若同班或同一工作單位中有人同名，為了區別，會在名字前加上職位、年齡大小、性別或故鄉地名的稱呼，例如大扎西，小扎西；男次仁，女次仁；拉薩卓瑪，日喀則卓瑪等。還有，藏人和漢人一樣，若之前生的孩子夭折，為了保佑新生嬰兒好養，會取個賤名，例如「乞珠」（小狗）之類，等平安長大

■ 藏人熱愛雪域家園及自然山川，因此，在為新生兒命名時也會以自然界萬物為依據。

後，再另外取吉祥名。

　　藏人的名字一般由四字組成，除了扎西和卓瑪是為數少有的依男女性別區分外，其餘藏名都是男女通用。有人說藏民沒有姓只有名，其實階級社會時是有姓氏的。吐蕃王朝在獎勵功臣時，會授予封號或土地，受封者為了顯示自己是有地位的貴族世家，將封號或領地名放在自己名字前面。由於領地世襲，他們的子孫也會冠上同樣的領地名，世代相傳，漸漸變成姓氏。

　　所以，姓氏帶有階級印記，只有達官貴人和活佛才有，普通人沒有。

　　七世紀以後，佛教在西藏迅速傳播，對西藏文化產生廣泛影響，大多數藏人的名字都帶有宗教色彩，有地位的家族還特地恭請高僧大德為孩子命名，一般人家較慎重的也會請住家附近寺廟的僧侶為孩子命名。常見和佛教有關的名字有：丹增（執掌聖教）、卓瑪（度母）、多杰（金剛）、次成（戒律）、群培（興法）、索南（福德）、金巴（布施）、索巴（忍辱）、桑登（禪定）等。

　　天下父母心，為子女命名時若非和佛教有關，便是以寄託期望的吉祥涵義為主，例如達傑（繁榮）、次仁（長壽）、諾布（寶貝）、拉姆（仙女）、平措（圓滿）、扎西（吉祥）、謝臘（智慧）等。

　　藏人熱愛家園及自然山川，因此，很多人也會以自然界萬物命名，例如尼瑪（太陽）、達娃（月亮）、貝瑪（蓮花）、梅朵（花）、噶瑪（星星）、嘉措（大海）、森格（獅子）、南喀（天空）等。

　　有些父母在為小孩取名時，沒有過多的期望，只是單純地記錄出生日期或星期幾，因此命名為次吉（初一）、次松（初三）、普布（星期四）等。

　　我曾經為了加強藏語會話，請了位藏大地理系二年級的女學生當家教老

師。第一次見面互相介紹，她說她叫「巴桑」，我問她：「是因為在星期五出生，才取這名字嗎？」她笑著回答是。巴桑是後藏日喀則人，藏語帶著點地方腔調，並不適合我學習，但考慮她家境貧困，上大學的所有費用都靠打工賺取，學生要打工不容易，而擔任家教每小時也才十五元，我憐惜、欣賞她力爭上游的精神，還是請她擔任我瞭解藏族風俗文化的小老師。

▌三個活潑的小男生結伴到寺廟參加慶典。

　　在我認識的人之中，除了星期五「巴桑」，另有兩個男的叫星期六「邊巴」及星期一「達娃」❶。我們的藏文女老師叫「央金」（妙音），素食店女服務員叫「卓瑪」（度母），留學生宿舍的庶務先生叫「強巴」（未來佛）。佛教徒朋友中，有好幾位名字中都有「丹增」（執掌聖教的人）兩字，不是「丹增××」就是「××丹增」，還有叫「扎西」（吉祥）的也有好幾個。

　　我也有一個藏名「貢覺拉姆」，是直貢梯寺的一位喇嘛幫我取的，貢覺意

▌這是前往納木錯半路遇到的老婦人，含蓄的笑容透露出生活的艱苦。

思是珍寶，拉姆意思是天上仙女。拉姆也是藏地非常普遍的女孩名，我遇過好幾位同樣叫拉姆的女孩，倒是還沒遇過四字都雷同的。

當我在拉薩住了一陣子，接觸了比較多的藏人後，每當我翻閱記載朋友資料的小本子，看著他們一個又一個的名字，總是愈看愈心花怒放，不僅看到了他們每一個人黝黑的臉上善良的盈盈笑意，也看到了藏人單純美好的心靈。總忍不住一遍又一遍輕聲叫著他們的名字，每叫一次彷彿就呼喚來了吉祥，漫天都開滿吉祥意象的花朵！

---

❶ 藏語「達娃」有兩種意思，指星期一和月亮，若是女孩叫達娃，取意像月亮一樣溫柔，男孩叫達娃則表示星期一出生。

別號「日光城」的拉薩，似乎有一種感染力，外地人一旦待在這兒，沒多久，從身到心到生活，一切節奏都會放緩。或許是因為空氣中含氧量只有平地的68%；或許是因為藏民相信無盡地輪迴，意味著會有無盡的時間可以慢慢來；也或許是因為千百年來生活在廣闊無邊的草原上、藍天下，時間喪失了刻度，日子便唱起了慢板。

當人從身到心到生活，所有節奏都緩慢下來後，時間彷彿也走慢了，變得特別長；但也可以說，由於沒有了時間的計量與催促，無論做什麼都有充足的餘裕，於是就會變得很專注，所以時間倏忽而逝，過得特別快。

那麼，拉薩的一天到底是長還是短？時間過得快還是慢？

當你走進雪域高原，就會發現：長短快慢，其實一點都不重要。

安頓身心於西藏的大山大水中，很容易引領習於省思的人產生一種大徹大悟般地覺察。當思緒和焦距從大自然中拉回，明白（承認）了自我的渺小，體悟到天地間物我一體的平等後，一切圓滿無礙，對萬事萬物都能坦然地接受，帶著達觀的寧靜。

我就是這樣度過在拉薩的每一天每一分每一秒。

回顧我在拉薩的每一個二十四小時，其實單純至極。

冬日七點起床（夏日六點起床），大地還一片漆黑 ❶，盥洗後，開始一小

時的禪坐和早課。八點十分,天濛濛亮,校園擴音器準時播放音樂,猶如住校生的「起床號」❷,接著播放晨間操及中央人民電台新聞廣播,直到九點。

通常早餐是一顆蘋果,有時沖泡一杯青稞麥片或即溶咖啡,搭配藏式大餅或陝西鹹酥餅。九點半開始上課,每堂課五十分鐘,往往上到第三堂,肚子就咕嚕咕嚕抗議,還好宿舍離教室只有幾步路,下課十分鐘來回宿舍吃根鮮脆的小黃瓜、紅蘿蔔或幾片餅乾止飢,時間充裕。

課程到中午一點半結束,雖然宿舍附設有餐廳,但偏鹹、辣、油,我幾乎都前往位於學校側門的素食店用餐。店內二樓小書架有一些宗教及西藏文化的書籍,用餐後,若是客人不多,我就繼續坐著看一會兒書。

週二下午,我單獨跟一位藏學系老師學藏文佛經,其餘下午幾乎都在複習所學及閱讀。晚餐吃得很簡單,通常燙一盤青菜或煮碗方便麵(因

▌坐在臨窗的書桌前,能享受來自陽光溫暖的撫慰。

氣壓低，一般麵條沒有壓力鍋無法煮熟），有時從素食店外帶一碗米飯，加進香菇、腐竹、枸杞、金針、蔬菜等煮成什錦粥。後來買了壓力鍋，外食機會就少了。

晚餐後是上網時間，固定和家人及朋友通skype，收發e-mail，寫生活札記。十點半，手錶鬧鈴會提醒我晚課時間到了，有時正在skype線上通話，或e-mail回到一半，或生活札記寫得正興起，難以罷手，便延後晚課時間；而約一小時的晚課結束後，便是就寢時刻。

平日，除了練氣功、聽MP3及收音機，我沒有什麼休閒，電影沒看過一場，電視也幾乎不看，最大樂趣就是讀書——讀藏文課本及佛法、心靈類書籍。每隔十天半個月，會前往拉薩市幾家書店瀏覽新書，買幾本值得珍藏的書，其餘抄下書名，回學校圖書館借閱。

週末假日，剛開始時，陸續走訪市區及郊區的寺院及景點，也常去認識的藏族朋友家串門子。慢慢地，哪兒也不去了，除了大昭寺及八廓街一帶的舊城區，那是全拉薩市藏味最濃的地區，最讓我流連忘返。

到後來，我連假日也常常一整天足不出戶，寧願待在小小的宿舍裡，看本好書，靜靜享受寧謐的時光。

這時，我總是坐在臨窗的書桌前。窗戶朝向南方，所以陽光會以傾斜的角度射進房內，從左前方慢慢往西移向右前方，在冷冷的空氣中能有來自陽光溫暖的撫慰，是一種莫大的享受，看書看累了，就趴在桌上小憩，讓陽光持續擁抱我。

窗外隔著小庭院，對面是藝術學院大樓，白天非常熱鬧，充滿師生上課聲

■ 大昭寺及八廓街一帶的舊城區，是全拉薩市藏味最濃的地區。

響，伴隨著合唱、民謠、古典樂等樂音，有時還會聽到學生吊嗓子及各種樂器彈奏聲。

視線越過大樓往上，是我最喜愛的一框風景，那裡有一方藍天、遠方飄著經幡的小山頭及瞬息萬變的雲彩，還有幾棵長得特別高的樹木，往上探出頭和藍天白雲默默相伴。我常常凝視著這片風景，在藏香淡淡的馨香氛圍中，想著自己活到半百，終於體會出「簡單就是富足」的滋味，禁不住漾開一抹微笑。

有幾個沒有星星的夜晚，宿舍恰好停電。夜幕鋪天席地，整個人融入無邊的黑暗中。仰望蒼穹，彷彿有一曲來自神祕虛空的悠遠長調，低低響起。窗外的藝術學院只餘輪廓，即使看不清，仍然有一個豐富的場景在我的心扉；仍然可感覺到夜幕中晚風的流動，以及夜空中隨風舞動的雲彩。

那一刻，只有諸佛菩薩陪伴著俗世中孤單的個體，宛如禪坐，沒有恐懼，也沒有悲欣。

五十歲重新當學生，發現日子可以過得很簡單，卻是簡單中見豐富，寂靜中現自在……。

❶ 中國全境採用北京時間（即中原標準時間）作為標準時間，因此位居中國西部的西藏自治區，雖和台灣無時差，但實際上應該慢兩小時。

❷ 西藏自治區幅員廣大，學生來自四方，絕大多數皆住校。

身在雪域高原，嶄新的遊學經驗鮮活了日子，沖淡獨自一人離鄉背井的寂寥。只有在生病時，五蘊的川流才如洪水般浩浩蕩蕩，讓人無法閃躲，無助地浮沉在生死的汪洋裡！

於西藏大學就讀期間，上下學期各生了一場病。

第一回是在12月下旬，星期日，醒時六點多，窗外夜色依然，感覺肚子咕嚕作怪，拉了回肚子。盥洗後照例早課，做完有點疲累，躺回床上休息。再起床，泡了青稞麥片，咬了兩口鹹酥餅，一陣反胃，體內有股穢氣往外衝，趕緊跑進廁所，卻只是乾嘔，嘔到我頭昏眼花；想躺回床上，又怕吐髒棉被，只好搬把椅子守在馬桶旁，等了一陣，又吐又拉……。

上吐下瀉一折騰，寒冷的12月天頓成炎夏，全身燥熱冒汗，虛脫無力，連沖澡也沒力氣，隨手拿條毛巾擦乾，一股寒噤，轉為畏寒。雙手扶著牆壁艱難地走回床邊，躺下後，全身軟綿綿，頭腦昏沉沉，胸口彷彿有個擴音器似地，心臟跳動聲透過兩條棉被清晰傳出，像是戰鼓，由遠而近，將我團團包圍。

眼皮沉重地搭蓋下來，沒來由地想到：這一睡，會不會就此長眠？明天上課同學不見我，來宿舍找我，他們看到的會是什麼景況？一具冰冷的軀體躺在床上？我臉上的神情呢，會是痛苦還是安詳？……。

哎，怎麼連生病時，妄念都還這麼多！我收攝起心念，提起一絲覺察，低

聲誦起〈六字大明咒〉，嗡嘛呢唄咪吽，嗡嘛呢唄咪吽……。

　　昏沉睡著，再度醒來，稍微有氣力起身，想到過幾天就要期末測驗，坐到書桌前想讀書，看著課本，每個藏文卻都像躍動的音符，心神完全無法集中。

　　也罷，今天不是讀書天！

　　從書架取下《藏傳佛教金銅造像藝術》，翻到藥師佛法像，點燃藏香，斜倚椅背，手持念珠闔眼，隨著MP3〈藥師佛心咒〉輕誦，觀想藥師佛的藥瓶甘露，從頭頂流進全身。接著，凝視佛陀法像，在一首接一首的梵唄樂音中，觀想佛陀無盡的慈悲。肉體依舊不舒服，但心靈寧靜無比。

　　就這樣，整天沒進食，只喝水、睡覺、打坐、練氣功，加速氣血循環，隨著時間流逝，吐光拉光後，感覺體內逐步淨化了，慢慢復原。到了晚上肚子餓極，想起以往生病時，家人都會貼心地煮一鍋熱騰騰的稀飯。此刻身在高原，沒有壓力鍋，要喝碗粥簡直奢望，心中有一絲傷感生起。但旋即想到這一切都是自己的選擇，我輕輕告訴自己：安心面對、接受及放下。

　　後來體力不支，八點多提早就寢，坐在床沿脫下絨毛拖鞋，西藏諺語浮上心頭：「一旦上床，不知是明日的太陽先來到？還是死亡先來到？」這並非因身體不適而產生的悲觀，平日我就不時會作此觀想，這讓我更珍惜活著的每一天，也提醒自己，要把心念投注在當下的每一刻。

　　第二回生病是在3月初，學校還未開學，我提早回到拉薩過藏曆年。前一天開始，右腰部出現痠痛，這天吃過午餐，痠痛加劇，身體一移動就疼痛無比，想打坐，卻連腹式呼吸都會引起疼痛，只好以胸腔淺淺呼吸。

　　黃昏時，仍疼痛不已，不得不吃下一顆止痛藥，心想會是盲腸炎嗎？不

▌小矮桌上擺放著能為生病的肉身帶來甘露的各種媒介。

對,盲腸好像在左側。要去掛急診嗎?我素來對西藥和醫院敬而遠之,這下該怎麼辦?忽然想起大學社團認識的醫學系學弟,趕緊發封e-mail給他。

在台南開診所的學弟很快回覆,他要我詳述疼痛的位置及症狀,並逐步問:用手按壓會痛嗎?有發燒、喉嚨痛、流鼻水、咳嗽嗎?持續多久了?…

…,就這樣一來一往,隔空問診。最後學弟判斷,可能是感冒病毒造成局部肌肉發炎,他說治療有時會拖上一星期才能復原,最後強調他沒有實際看診,只從我描述的症狀診斷,有可能出錯,提醒我還是就醫比較保險。

這一夜睡得很不安穩,時睡時醒,夢境不斷;翌日晨起,疼痛更加劇烈,連翻身下床都困難萬分。文河昨晚知道後,已連續打電話又發簡訊要我快去醫院。想了想,就去看醫生吧,當作一種高原生活的體驗。

搭上出租車,來到位於拉薩北郊山腳的軍區總醫院,這是全西藏設備最完善的醫院。從警衛森嚴的大門進入,右側即民眾和軍人共用的門診大樓,大樓中庭橫掛著一幅大布條——「如果你對我們的服務不滿意,請告訴我們院長」。啊,院長還要兼處理病人投訴?這意思應該是強調他們的服務「人人滿意」囉!

走到掛號處,掛號小姐問:「有卡嗎?」

「沒有。」

「身分證。」

我把台胞證遞給她,她翻看了一下,一臉狐疑:「這是什麼身分證啊?」

「就是台灣同胞在大陸的身分證啊!」

她拿到後台確認,回來再問我:「要掛什麼科?」

我回說不知道,她轉身叫來一位醫生,聽我形容症狀後,說掛「呼吸科」,掛號費三元,然後發給我一本薄薄的「門診病歷」,提醒我自行保管,以後每次看病都要帶來。

二樓是隔成一間間的診療室,門牌寫著各種科名,沒有看診號,病人直接在醫生面前排成一行等候。找到呼吸科診間,只有一對母女,很快輪到我,醫生是內地人,問診很仔細,初步診斷結果和學弟說

▍位於拉薩北郊山腳的軍區總醫院,是全西藏設備最完善的醫院。

的差不多，但他強調「為了保險及安心起見」，還是幫我排了驗血、Ｘ光和肝膽超音波掃瞄。

檢驗大樓就在後棟，儀器新穎，一小時內完成三項檢查，除了輕度貧血，一切正常，拿了五天藥，全部一百二十元。妙的是，各項檢驗報告單一律發還，自行保存。

走出門診大樓，驚喜發現下雪了，精神為之一振。我迅速拿出口袋型相機，才按下快門，身後傳來斥喝聲，回頭一看，荷槍實彈的守衛軍怒目相向。糟糕！我忘了軍區不准攝影，趕緊笑著解釋，並主動把數位相機遞給他檢查。

走出醫院，雪愈下愈大，搭上車，我的心隨著雪花漫天輕舞。來拉薩這麼久，首次遇到下雪（之前只飄小雪花），想到待會兒回到學校可以拍雪景，興奮之下，病已好了大半。

萬萬沒想到往前一小段路，陽光白花花迎面而來，我無法置信地轉頭望向來時路，剛剛是我作夢嗎？

剎那恍然大悟，原來我的生病，就是要引我來北郊山腳，和這一場雪相遇的啊！

後記

事後，e-mail給朋友分享拉薩就醫經歷，有兩位不約而同以「浪漫」回覆，一位說：「妳這場『怪病』還真是浪漫，有難得的三月雪相伴！身體恢復無恙了嗎？多保重！」另一位說：「阿彌陀佛，希望妳現在已經又生龍活虎囉！阿彌陀佛，看妳浪漫成那樣──求求菩薩，下次換個花招叫妳看雪去吧……。」

高原的天空

夜雨是西藏氣候的特色，主要受地形影響造成。以拉薩而言，年夜雨率達85%，白日晴空萬里，豔陽高掛，傍晚雲層四起，入夜後開始下雨。有時雨勢滂沱，雷電交加，天亮後，陽光閃爍，若非地面猶有潮濕痕跡，簡直無法相信夜裡下過雨。

　　西藏氧氣含量只有平地的三分之二，由於空氣稀薄潔淨，透明度高，天空相對顯得分外清藍，幾乎「天天天藍」，偶然有烏雲聚集，但轉眼又全散去。生活在這樣的天空下，心胸會隨之寬廣，個性不樂觀也難。

　　趴在宿舍窗台上望著藍天發呆，是我常作的動作，若是到了郊區，就是躺在草坡上望著天空發呆。廣闊、蔚藍的天空屬於所有人，也屬於白雲，宛如白雲專屬的畫布，在高原沁涼的風吹拂下，白雲盡興揮舞，瞬息萬變，任由觀者想像力馳騁，常常看得我來不及驚訝，就只是心滿意足地呆望著。

　　面對這變幻莫測的天象，令人不得不讚歎高原的天空就是雲朵的故鄉。這些雲充滿生命力，在移動的同時，本身還像草履蟲一樣不斷變化著形狀。日本著名動畫大師宮崎駿有部動畫《天空之城》，描寫雲上城堡的故事，我在高原上看雲，禁不住也常幻想雲上有個公主或王子也在往下俯視地球。

　　通常我們習慣以「湛藍」、「蔚藍」來形容天空，但看了一份氣象資料，我才知道藍色並不是天空的顏色。「天」本身是沒有顏色的，天空會出現不同

的色彩變化，是因為太陽光經由大氣層和其他微粒（塵埃、水滴等）的散射作用而造成的。

雪域的天空，除了白雲，夏季雨後還經常出現彩虹，那七彩的半圓弧緞帶，像是通往天上的拱形橋。有一回我還遇到難得一見的「霓」與「虹」呢！

那是一個5月的傍晚，我在宿舍看書，雲層從下午逐漸聚攏，天昏地暗，但就是不下雨，近八點時，遠方傳來雷電交鳴聲，雨就要來了吧，我想。

往窗外一望，卻驚見遠處暗沉天幕中，一道落日光芒穿透雲層投射在小山頭上，像一束舞台聚光燈，還有兩道彩虹高掛在山和天空之間，那光景有如演出人間與天界的「第三類接觸」，美得有點夢幻。

我愣了幾秒鐘，回過神，抓起相機往門口走，想趕到學校操場，那裡四野空曠，能拍到更精采的畫面，但走沒兩步我猶豫了，奇景可遇不可求，萬一還沒走到就消逝呢？還是別貪心吧，把握住眼前就好。

對面藝術大樓屋簷擋住了局部視野，我爬上窗台，將大半身子探出窗外，連續拍了幾張，然後放下相機，定靜地欣賞眼前聖蹟降臨似的奇景。那座小山位於學校南側拉薩河對岸，山上遍掛風馬旗，時常有藏民前往朝聖及煨桑，這會兒成了眾神的舞台。

兩道彩虹，一亮一淡，後來查了資料，才知道亮的稱為「虹」，淡的稱為「副虹」或「霓」，都是大氣裡美麗的光學現象，兩者同樣呈現紅、橙、黃、綠、藍、靛、紫七彩，但因為霓是陽光在水滴中歷經兩次反射而成，顏色的排序與彩虹正好相反。

這麼虛幻美麗的彩虹，說起形成原理，只是太陽光經過小水滴折射、反射

形成的一種光學現象。通常剛下過雨後，天空布滿小水滴，當太陽光遇到天空中的小水滴時，光線會被折射進入水滴內，由於不同色光折射的角度不同，於是便被分開了，呈現七彩色澤。

▌落日光芒穿透暗沉的雲層聚焦在小山頭，伴隨彩虹，妝點成眾神的舞台。

這麼說來，我們要看到一道圓弧的彩虹，是要有數百萬顆的水珠聚集在一起，並和太陽光相遇，經過多重折射與反射，才會出現那短暫而美麗的時刻，這樣的因緣和合，真是既浪漫又不可思議啊！

看多了雪域高原天空上的貴客——白雲與彩虹，再回頭看讀過的佛法書，有了一些巧妙的印證。

禪宗經常以飄浮在遼闊天空中的雲朵，作為腦海中紛擾念頭的比喻，無論雲朵如何變化，天空不會隨之起舞，恁雲來恁雲去。如果我們能將自己融入如天空般的遼闊中，安住其中，不被紛擾念頭纏住牽著走，就能看清再迷人的雲

高原的天空宛如雲朵專屬的畫布，瞬息萬變。圖為初冬的藏北草原。

朵也都是幻相。

　　陰天時，我們看天，不自覺念頭和情緒都會受雲層影響，染上一點灰色調。我們很少能穿透厚重雲層，看到藍天，看到湛藍無垠、深邃的宇宙，由於我們把注意力放在雲層而不是雲層之上的藍天，所以我們認為藍天消失了。

　　即使是十分晴朗的日子，當我們處在沮喪或煩惱的情緒時，我們也看不見天空的藍，只見到一片灰暗。

　　我們的心就是這樣，自己被自己蒙蔽而不自知，所以我們會一再受苦。

　　而彩虹是真實存在的嗎？自從學佛以來，已漸漸能在享受世俗一切時，也同時看見萬法如彩虹般的本質。彩虹的生起是因為某些因素和條件聚合，產生美麗、看似堅固的幻覺，是一種相互依存而現起的現象。當我們看到彩虹的那一刻，迷惑於它的美，會想要伸手去抓住它、擁有它，但不管你跑得再快，爬得再高，手伸得再長，永遠都不可能碰觸到任何實體的彩虹。

　　如彩虹一般，世間所有存在的現象都是由種種因緣相互作用而生起，無一具有堅實的自性存在。它們生起、消逝，消逝、生起，不斷地變化。它們不是真的存在，但是又確實現起，我們可以享受它們，但不要執著永遠擁有它們。只要能覺悟到這點，便能獲得極大的自由。

　　我很幸運，在西藏時常能凝望無邊無涯的藍天白雲，這種體會和凝望廣闊的碧海波浪類似，那一刻似乎所有束縛都解脫了，自由輕盈，身心內外化成了一片清明；以此清明行走紅塵，逐漸能不執不迷，不著不染。

2006年4月，收到朋友轉來一則有位西藏仁波切在台灣成爲歌手的電子新聞，眞巧，前兩天才在拉薩書店買了這位仁波切的書。他是青海的一位轉世活佛，十六歲被認證後，前往印度、尼泊爾修學佛法，之後於世界各地弘法。當前不僅在台灣出書，而且蓄髮換上時裝成爲歌星，以便「藉著音樂融入佛法，用時尚的形象接近人群，用流行的音樂和現代的節奏弘揚佛法」。

我們很難從一些表象行爲去論斷事實的眞相，我只是有一些感慨，我在拉薩也認識一位年輕的轉世活佛，只因身處不同時空，境遇有別。

認識帕洛朱古 ❶ 的因緣很奇妙，起因於一位台灣朋友託我探望她幾年前來西藏時認識的藏族朋友扎西。剛開始滄海桑田找不到扎西，朋友上MSN時巧遇認識扎西的丹增多傑，我於是和丹增多傑聯絡，約了到扎西店裡見面。

抵達位於小昭寺旁的店，才知道是直貢梯寺寺產，經營佛教文物。我和扎西正聊天，一道紅光從白花花的陽光中閃入店內，是位揹著大腰包，戴著太陽眼鏡的年輕僧侶，英挺帥氣，扎西稱他爲「小活佛」，正是丹增多傑。我問他：「爲什麼扎西叫你小活佛？」他帶著笑意回答：「那是他高興時，不高興就叫我丹增多傑。妳叫我丹多就可以了。」

爲了不妨礙扎西作生意，我隨丹多轉往他父親爲直貢梯寺經營的「聖地素食館」，那是拉薩著名的素食餐廳，兩層樓門面，裝潢典雅。我們東南西北閒

聊，後來我談到最近和直貢梯寺特別有緣，前陣子經由朋友介紹贊助一所藏族兒童慈善學校，發起人阿尼就是在直貢梯寺受戒。丹多聽了問我：「她本名是叫李兵嗎？」正是李兵，丹多認識，我想起李兵在e-mail中提過她有位金剛兄弟帕洛活佛及直貢梯寺的阿貢仁波切都住在拉薩，我問丹多是否認識他們？他一本正經回答：「帕洛活佛就是我，阿貢仁波切就是我父親。」

啊，真是無巧不成書！

丹多說他自己的寺廟是「羊日崗寺」，和直貢梯寺屬同一傳承。他隨直貢梯寺的領誦師學了許多尊者密勒日巴道歌，計畫錄製CD，讓更多人能有便捷的方式接觸並理解教義。眼前已有位成都朋友答應協助製作，但租用錄音間的費用還沒找到功德主，發行通路也沒著落。

藏民皆知的密勒日巴，是噶舉派最富傳奇色彩的祖師，他從下咒復仇到棄邪歸正修學佛法的一生，猶如一部史詩；尤其他隱居潛修，長期以野蕁麻維生，精進修行的那段過程，更為學佛者所津津樂道。獲得大成就後，他四處雲遊，採用西藏民間獨特的詩歌唱誦方式弘法傳道，留下無數道歌。

我對密勒日巴的道歌很有興趣，後來前往丹多家中，從電腦聽他自己預錄的Demo，包含他獨唱以及和直貢梯寺領誦師的合唱，沒有加入任何合成音樂，純清唱，我雖然不精通音樂，但聽得出他音質的純粹自然，有種穿越遠古時空的綿延迴盪感，好像密勒日巴就站在眼前對著我唱似地。

我告訴丹多，我很樂意資助他租用專業錄音室的費用，丹多說等他聯絡好再打電話給我。

之後，為了幫朋友傳訊息，我又前往扎西店裡好幾回，終於弄清楚，丹多

眞的是轉世朱古。直貢
噶舉派有兩位重要的法
王：徹藏法王和瓊蒼法
王，丹多是瓊蒼法王認
證的羊日崗寺第六世帕
洛活佛。扎西稱他「小」
活佛，是因爲丹多的父
親阿貢仁波切也是位活
佛，在七、八歲時被噶
瑪噶舉派的大寶法王認
定爲第二任阿貢活佛。
但阿貢活佛的生活很快
便因文革而中止，並被
送去勞改，後來被強迫
還俗娶妻生子，不過仍
然很受直貢梯寺僧侶們
和信衆的尊重。

　　從此，我改稱丹增
多傑爲帕洛朱古，以示
尊敬。

　　5月中旬，帕洛朱

▌帕洛朱古於直貢梯寺跳金剛神舞，神色莊嚴，全神貫注。

古打來電話，告訴我道歌的錄製費用另有施主贊助，問我願不願意將原本要贊助他的金額轉幫助直貢梯寺兩位動手術的僧人？

為了進一步瞭解，我們約在拉薩市第二人民醫院會面，原來兩位僧人的腳都是天生彎曲外翻，小時沒錢矯正，隨年紀增長逐漸惡化，寸步難行。

幾天後，一人手術矯正外翻的腳；一人自膝蓋以下切除，另裝義肢。從入院檢查、手術到復原，前後住院一個多月。

那段時間，帕洛朱古和我三天兩頭為醫療費傷腦筋，原先以為只需幾千元人民幣，結果前後花了兩萬多元，主要原因在於僧人沒有保險，全需自費。而醫院規定不能出院才結算，必須預先繳足金額，否則就停止治療。

每次被醫院催繳時，我和帕洛朱古就分頭想辦法，再到醫院會合。有一幕令我難忘，兩人站在住院部的小窗口，和負責收費的小姐拜託，說我們真的不夠錢，收費小姐終於答應可只繳最低額，過幾天再補繳。我和帕洛朱古各自掏出一疊鈔票，他那疊居然比我多，看到我詢問的表情，他笑說：「我老爸的。」總算湊齊後，兩人鬆了一口氣，共同結論是：在西藏，沒錢生不起病。

過後幾天，帕洛朱古失去音訊，我發了短訊給他，很快收到回覆：「貢覺拉姆，鄙人正在回拉薩的路上，這次我念佛得來的錢約有五千元，我們就不必再擔心他們倆了，哈哈……。」我回覆：「哈，我也跟同學募了七百元，很少，但聊勝於無。」他再回覆：「不用了吧，先花完我的一萬元（另五千元是他前幾天接待外國學者參觀寺廟時募來的）再說，哈哈哈……。」然後，他立刻又傳來一則簡訊：「我喜歡開玩笑，不在意吧？」

帕洛朱古的確很喜歡開玩笑，記得第一次到醫院看望兩位僧人，離開時經

過停車場，他走向一部轎車同時問我：「要不要搭便車？」我有點意外：「你有車啊？」走到轎車旁，他伸手進口袋摸了半天，一臉驚訝：「糟了，鑰匙不見了！」「眞的？再仔細找找。」看我跟著著急，他這才露出調皮笑容：「假的，沒車怎會有鑰匙？」

抛開活佛身分，1982年出生的他，就像我們熟悉的同齡層年輕人，他喜歡節奏感很強的現代音樂，會彈電子琴、吹嗩吶，還會作曲，曾經也想出個人專輯，還說一口標準普通話，英語也不錯，計畫把一些有關教理的書翻譯成英文，更遠的目標則是希望有一天能到國外講經說法。

平日他對自己活佛的身分很低調，只以丹多自稱。和朋友在一起時喜歡開玩笑，但在有信眾的公開場合，則表現得莊重得體。幾次在醫院，遇到知道他身分的藏民，對他都是又敬又畏地恭敬行禮，有位老藏婦還頻頻摩頂他衣擺。

「我老爸……」帕洛活佛在朋友面前常這樣提及父親，他承認他有些怕父親，也承認父親管教他很嚴，「可能是因爲我很另類吧！」他自己這樣解釋。

每看到帕洛朱古，就會聯想到拍攝《高山上的世界杯》、《旅行者與魔術師》等電影的宗薩欽哲仁波切，身兼西藏轉世活佛與導演雙重身分，仁波切不諱言他內心也曾有過矛盾與掙扎，也曾想過放下轉世活佛孤獨的頭銜，投入拍電影的夢想，最後，他運用智慧，在兩者中取得了平衡。

我相信，聰穎如帕洛朱古，在延續上一世的使命與實現這一世的自我之間，也能找到最佳的平衡點，利益眾生！

---

❶ 轉世制度是西藏獨特的宗教文化現象，漢地稱為「活佛」，藏語則稱「朱古」。

II 天地
遊牧 。

神山聖湖乃至整片遼闊的天地
憑旭日東升，明月西沉
恆常寂靜不語
它們不是因孤獨而沉默
只是用不同的方式和懂它們的人說話
我敞開自己的心投入天地的懷抱
用謙卑尊重的身語意與萬物貼近
慢慢能被那寬闊蒼茫的天地
以及生活在其中的雪域高原子民們
微笑地包容與接納
於是
就聽到了天地萬物傳出的細微聲音

以摩崖石刻造像及十七世紀建有西藏醫藥院而聞名的藥王山，位於布達拉宮所在紅山的西南方，二山突出於拉薩平原之上，格外醒目。市區馬路沒開通前，藥王山和紅山以一座白塔相連，底層有通道進出拉薩城；馬路開通後，二山拉開了距離，很多藏民認為不吉祥，便以三座佛塔繫繩從空中連接。後來藥王山頂建了電視塔，變成禁區，禁止民眾轉經，唯一上山的通道由軍隊看守，只開放東側山腳的藥王廟以及西側的千佛崖。

西側入口由巷道進入，千佛崖腹地不大，卻是石刻造像最集中處。我一走近，立刻有一位年輕僧人過來收票，並權充導覽，熱心地介紹正中央是釋迦牟尼佛，周圍是千手觀音、度母、金剛護法及眾多菩薩等，還有蓮花生大師、宗喀巴大師及各派高僧大德。他說這兒的石刻岩畫大都是十四世紀時，由一大貴族班智達出錢請人刻畫，若貧窮藏民家中有人過世，請不起度亡唐卡佛像時，可以只買些顏料，把摩崖石刻的佛像刷新一遍，便可起到同樣的功德，這種習俗仍延續至今。

年輕僧人接著把我引到坐在蔭涼處的一位年長僧人面前，指給我看他背後牆上的一幅絹布，原來是一份以藏、英、中文寫成的「募化書」，說明旁邊空地正在進行《甘珠爾》石刻工程。《甘珠爾》是西藏《大藏經》（佛教重要經典的總稱）中的佛語部，共一○八部，由僧人多丹達瓦發願，將整套經文刻在

石板上，再將一塊塊的石板經書堆疊成十二層佛塔，以祈求世界和平、莊嚴國土、利樂有情，目前建到第九層，希望四方施主能慷慨解囊。

　　那位年長僧人就是多丹達瓦，我捐了一點錢，和他們聊了一下，他們都知

▌ 以刻有《甘珠爾》經文的石板堆疊而成的佛塔。

道台灣，不斷問我台灣政治，我實在不想談，趕緊藉故告辭。

後來在一本西藏雜誌上讀到多丹達瓦的報導，達瓦是四川德格人，三歲出家，是康區江白桑布活佛的轉世，他在康區非常有聲望，曾做過很多利益眾生的善事，例如在格薩爾王出生地修建寺廟；在桑耶寺山上修建經堂；在山南地區修建藏族始祖猴子雕像；印佛經和唐卡捐給各寺院等。1995年，發願在藥王山建經塔，雇人將整部《甘珠爾》大藏經一字一字刻在石板上，再將刻有經文的石板疊成佛塔，原計畫十年完工，因經費不足，目前才刻到第九層。

往前走，緊挨著山壁搭建的遮陽篷下，有一男一女手持鑽子和錘子，聚精會神地刻著石板經書，我用藏語和他們打招呼，問他們是哪裡人？他們大概高興我會說藏語，連珠炮似地回答了一串，可惜我只聽懂他們是藏北安多人，幸好他們也會說普通話。這些石板來自拉薩東方的林周縣，刻前要先上一層礦物質顏色，便於刻字反白並看得比較清楚。他們刻一頁經書的工資是十元，我在心中「啊！」了一聲，雖然我知道藏民相信刻經書和轉神山聖湖一樣，可以累積功德，是薪資之外的高附加價值。但這麼微薄的收入如何過日子？他們說有時路過的轉經人會布施，再加上賣給遊客小片經石也會有一些收入。

說到這裡，他們問我要不要買塊石刻經文保平安？原來是一些碎裂的小石板，他們在上頭刻了扎西德勒、嗡嘛呢唄咪吽等藏文，一片五元，心想也算是做善事，我選了一片〈六字真言〉。

沿著九層石塔順轉繞了一圈，正想離開，發現陸續有藏民沿著右側一條小山路過來，問他們從哪裡來？每個人都回答：「從布達拉宮轉經過來的。」不對，藥王山給封了，從布達拉宮怎麼走得過來？我再問一次：「這小路是通到

哪裡？」「就是轉藥王山的路嘛！」沒人說得清楚是通到哪裡，我決定往前走看看，有藏民立刻阻止我：「妳這樣走是逆轉，不好啊！」看他們說得那麼誠懇，我只好停下腳步，假裝照相，等他們離開，趕緊沿著山路往前走。

菩薩原諒我，我不逆走一趟，就沒法知道這轉藥王山的路要如何走。

往前沒多遠，山道旁有一藏族婦女正在作「擦擦」，有兩個轉經藏民坐在旁邊休息，男藏民會說普通話，我問了擦擦的一些問題，他很詳細地為我說明。擦擦是一種泥製浮雕的小佛像、菩薩、佛塔、靈鳥、神獸，大的約一尺，小的不足一寸。小擦擦可以當大佛像和佛塔的填充物，有時要裝入幾千、幾萬個；一般都是用模具製造，作用有供佛祈福、還願、消罪、護身、治病等。

在拉薩轉經路上時常可看到製作擦擦的信徒們，既是一種謀生方式，又可累積功德，也可為朝佛還願者提供擦擦來源。有些遊客會將轉經路上看到的可愛小擦擦帶回家當紀念品，但藏民很忌諱這樣做，因為每一個擦擦都承載著供奉者的心願，寄託了最真實的情感。

我說我想請一個新的當紀念，男藏民告訴我不可以隨便請回家，通常要請多少個擦擦和要請哪一種浮雕造型，依目的而定，而且必須由喇嘛指示。

我頓時想到，難怪西藏有句諺語：「喇嘛是通往神佛的唯一橋樑。」

分手時，他提醒我別再往前走，那是逆轉。他們走後，我又仔細欣賞了形形色色的擦擦，作擦擦的藏婦俐落地將和好的泥土放在一塊餅乾大小的模子上，用力一壓，就成了一塊印有佛像的小擦擦，再放在一旁風乾。只會藏語的婦人非常友善，看到我拿相機，比劃著要我從哪個角度拍比較好。

小路再往前，離開藥王山崖壁，接到巷弄，兩側都是高牆，連陽光都進不

▋藏民相信刻經書和轉神山聖湖一樣，可以累積功德。　　　　　　▋圖為小擦擦，為朝佛還願者承載了各種心願。

來，半路又遇到幾個藏民迎面而來，他們都露出奇怪的眼神看著我，我只好裝傻，對他們笑一笑，加緊腳步往前走。

　　再走一會，終於走到出口了，咦，怎麼會是車水馬龍的金珠東路？燦爛的陽光曬得我有點頭昏，這轉藥王山的路怎麼會通到大馬路？我越過車道，站在樹蔭下回看藥王山，拿出地圖對照半天，終於恍然大悟。藥王山不准轉，藏民就沿著藥王山外圍的大馬路轉，再接回開放的千佛崖山道，朝聖轉經的心意不打折，真是「山不轉路轉，路不轉人轉」啊！

　　諸佛菩薩們，請祢們一定要多多眷顧這些虔誠的雪域子民啊！

秋日菩提

大陸十一國慶放假一週，學校停課，高原秋意漸濃，按捺不住五彩山景的誘惑，決定離開拉薩尋秋去，目的地是往東四百多公里的林芝。林芝平均海拔約3000公尺，林木豐富，素有「西藏江南」之稱，6月初我走過，難忘旖旎的尼洋河。

尼洋河發源於米拉山，往東蜿蜒三百多公里匯入雅魯藏布江。由拉薩到林芝的公路，在翻過米拉山口（海拔5070公尺）後，幾乎都沿著尼洋河伴行，去時米拉山還是一片光禿，回程已覆蓋白雪，坐在門窗緊閉的車內還覺得凍寒。而尼洋河一路都在山巒夾峙間淺吟低唱，水色有時清亮有時翠綠，河面時而一衣帶水，時而壯闊波瀾，河中央間雜出現沙洲、礫石堆或小島，河岸灌木叢、水草、喬木、農田交錯，景象變化多端。

待在林芝的幾天，間歇下著時大時小的雨，實在有違林芝藏語的涵義「太陽的寶庫」。我撐著傘在尼洋河畔漫步，從小雨走到大雨走到雨停，白天走，黃昏走，清晨也走，傘下小小的世界就是我的天堂。藏民給尼洋河取了個詩意的名字「仙女的眼淚」，雨霧中尼洋河欲語還休，更增柔媚，遺憾的是秋意不濃。

由於下雨，不見散步的藏民和遊客，陪伴我的只有那立於河畔、自在搖曳的經幡，連接著大地與蒼穹，連接著凡人與神佛，風雨無懼。經幡藏語稱「隆達」，隆是「風」、達是「馬」的意思，所以一般稱為「風馬旗」，表示風是傳

送經文的一種無形的馬。林芝一帶的風馬旗直繫於木桿上，少則五六面、多則數十面一簇，黑白色調為主，和翻越大山埡口及拉薩地區看到的不同，一般都是懸掛以繩橫接的藍、白、紅、綠、黃五色經幡，上印經文，藍色象徵天空，白色象徵雲氣，紅色象徵光明，綠色象徵水，黃色象徵大地。

經幡啪啪作響，宛如僧侶誦經，傳遞著無言的祈福，穿越濕冷的空氣，撫慰了旅人的心。

望不見期待中滿山彩繪的秋色，倒是和尼洋河相望兩不厭。凝視著潺潺流水，一再想起泰國阿姜查法師對禪修境界的形容——「流動的止水，靜止的流水」，靜止是定，流動是慧。日常一般人的認知是「止水不會流動，流水不可能靜止」，視靜止與流動是兩種截然不同的對立，但阿姜查開示：禪修時可以同時體會兩者，真正修行人的心，定慧雙修，無論在哪裡，都是靜止的，也是流動的，也就是「流動的止水，靜止的流水」。這意境常在我心中，似懂非懂，看來還需更加精進修行才是。

入住6月初住宿過的康福源酒店時，意外地，服務員居然還記得我，說我上回揹了個大背包。也難怪，四個月前，我在舊樓普間住了三晚，整棟舊樓只住了我一個人，一個女性揹個大背包獨行，對他們而言有點不可思議吧！這回適逢十一假期，新樓客滿，有些客人沒得選擇只好住到舊樓，整晚吵得很，截然不同於上回我一人獨享的寧靜。

晴天，雨天，春天，秋天，寧靜，喧鬧，不也都是一種無常！

回到拉薩，反而秋在枝頭已十分，騎上二手鐵馬，揹著相機，我在拉薩城中繼續遊走尋秋。

　　先去了位於拉薩北郊的「體育運動學校」，操場一側有一大片樹林，杳無人影，落葉鋪成厚毯，我輕輕踩過，發出清脆聲響。我站在林中，仰望著，秋風吹過林梢，枝葉搖擺，在一季絢爛過後，每片樹葉都將告別舞台，回歸塵土。既有大自然生生不息的寓意，又有季節與生命輪迴的興味，我的心滿漲，卻找不出描繪的語言。能夠真正說出落葉心聲的，也只有落葉本身吧！但它一逕沉默，安靜地來到，安靜地離開……。我唯有用心傾聽，那沉默之中無限的禪機。

▌ 有著「仙女的眼淚」之稱的尼洋河，雨後初歇，欲語還休。

大自然是最好的生命導師，落葉以衰亡的方式向人們示現，有人看到落葉感傷，有人卻看到生命的更新，時序的更替就像人的生死，一再輪迴。

在秋日的午後，我也隨著滿地落葉在絢爛中靜靜地領悟。

再去了位於布達拉宮後面的「宗角祿康公園」，祿康意思是「祿神殿」，「祿神」有人稱「魯神」，是藏族對居於地下和水中的一種神靈的統稱，魯神往往被漢譯為龍神，因此園內大湖就叫「龍王潭」。龍王潭是十七世紀布達拉宮擴建時，從山腳挖土形成的，潭中小島建有一座三層高的龍神殿，供奉著六世達賴喇嘛從墨竹工卡山中迎請來的龍女神墨竹色青，墨竹色青是非常古老的神靈，主掌拉薩河谷的陰晴雲雨和莊稼草木。最早這裡是禁苑，只對貴族僧侶開放，現已全面開放，每年藏曆四月薩嘎達瓦節，人們轉經後會到這兒祭拜墨竹色青龍女，獻上哈達和酥油做成的供品，高唱讚揚龍女的古老歌曲。

公園面積不小，潭中可划船，潭畔有一茶館，幾乎滿座，林中草地更是到處三五成群藏民，野餐的、曬太陽的、玩象棋的，極盡悠閒。

繞行一圈，拍好照，找了個石椅歇息，高原暖烘的陽光兜滿我一身，若不看秋色，如沐春光，不都說「春天正是讀書天」嗎？大好時光別浪費了，來讀一會兒書吧！我取出聖嚴師父的著作《〈七覺支〉講記》，念覺支、擇法覺支、精進覺支、喜覺支、除覺支、定覺支……，心一境性，名為定……，師父說，心可以有念頭，但不受環境、狀況的影響而有起伏波動……，不被境界之風捲著走了，就是定慧均等的工夫。

定慧均等的工夫……，還想往下讀，陣陣秋風間歇吹揚，刮起地面乾枯的黃葉及樹梢欲落未落的樹葉，一起在空中迴旋，飛舞成黃綠斑斕的光影，再相

秋季來臨，拉薩市俯拾皆是燦黃的秋景。

繼撲簌簌落下，落得我滿頭滿身都是，這光景彷彿是去年秋天我和文河於內蒙古額濟納小鎮的胡楊林內，那一片燦爛金黃的夢幻呵！

　　哎，闔上書，我還是躺在樹林裡滿地落葉上，尋夢去吧！等白日夢作完了，好好小睡片刻，一覺如小死，從睡著到醒來的過程，就是一個從散亂到恢復覺察的過程，那時，就有專注力來體會七覺支了。

天湖納木錯迴旋曲

納木錯是西藏最大的聖湖,一生能去一回,就像觸摸到了天堂,而我有幸去過三回。充滿神靈意識及想像力的藏民相信,海拔7117公尺的念青唐古拉山和海拔4718公尺的納木錯,是藏北神界的國王和皇后,是至高無上的神山聖湖。

被藏民認為具有生命的納木錯,屬相為羊,傳說每逢羊年,諸佛菩薩和護法神均集結於此,大興法會,此時轉湖朝拜,功德等於平時的十萬倍。因此,每到羊年藏曆四月(佛陀降生、得道、涅槃的月份),轉湖的信徒絡繹不絕。

納木錯是第三紀至第四紀,喜瑪拉雅山脈造山運動凹陷形成的巨盆湖泊。藏語發音的「納木」指天、「錯」指湖,湖水來自念青唐古拉山的冰雪融化,東西長七十公里、南北寬三十公里,是世界上海拔最高的鹹水湖。湖心有數座島嶼,生長不少藥草。湖畔有五座半島,佛教徒相信是五方佛的化身。其中面積居冠的扎西半島,是唯一供應食宿之處,島上奇異的石柱和石峰林立,還有一座扎西寺。

2000年夏季,初次邂逅。那回從青海經藏北牧區入藏,當時前往天湖還未修公路,三輛吉普車在泥濘崎嶇的山野顛簸前進,一路斜風細雨,寒意襲人,穿著羽毛衣還直打哆嗦,同伴有人開始抱怨。

半路,吉普車壞了一輛,停下修車,對面山坡放羊的藏族小孩,越過小溪

跑來，好奇的觀望著，他們穿著單薄，有個小孩還打赤腳，臉上髒兮兮，卻綻放出純真、靦腆的笑容，像一朵朵顫動著露珠的小野花。

我們拿出巧克力請小孩吃，他們有點害羞地接過去，口中發出聲音，應該是說謝謝吧，只見其中一個小女孩打開包裝紙咬了一小口，臉上露出滿足的笑容，然後小心翼翼地重新包好收入衣內。是太好吃了捨不得一次吃完？還是要帶回去和誰分享？原來，快樂是這樣的簡單。那一幕定格在每個人腦海，重新上路後，同伴再沒人發出怨言。

當時，我的腦海浮出一段文字，那是印度寂天菩薩的智慧之語：「這世界上不管有什麼樣的喜悅，完全來自希望別人快樂；這世界上不管有什麼樣的痛苦，完全來自希望自己快樂。」

初相識，只有雨霧中朦朧一瞥。到拉薩遊學後，便一直記掛著再度前往。

2005年11月初，估量天寒遊客已少，我趕在大雪封山前啟程。搭乘公營小巴來到距拉薩約一百七十公里遠的當雄鎮，一下車，立刻感受到海拔4300公尺高處的寒意。

問了站在往天湖叉路口的一群藏民：「請問有車進納木錯嗎？」

「有，有，馬上就來了。」原來他們全住納木錯村，正在等卡車回家，但村子離湖還有三十多公里，我說我要到湖邊，幾個藏民立刻熱心地幫我找來一位吉普車師傅。幸運地，巧遇兩個香港背包客同行分擔租車費。

由於前幾天山區下大雪，為安全起見已封山，檢查哨實施臨檢，除了當地居民，遊客一律不准進山。師傅要我們先混進滿載藏民和物品的卡車，過檢查哨後再換搭吉普車。爬上卡車，車上藏民心知肚明，笑著讓我們擠進他們中

■ 清晨，藏婦敲開湖畔薄薄的冰層舀水，開始了一天的生活。

間。香港背包客一身暗色服裝，再戴上僅露出眼睛的毛線帽，身分立刻隱形。

　　藏民看看我，紛紛搖頭：「妳這個衣服，不好。」我差點笑出來，世界頂級防水透氣材質Gore-Tex XCR製造的登山衝鋒衣，居然被一口否定，不過我知道他們的意思是說黃色太明顯了，不像藏民。我趕緊點頭：「是，那怎麼辦？」他們拉來一塊大塑膠雨布，要我躺下，然後把我像貨物似地蓋到只露出頭。

　　安全過關，換回吉普車，翻過海拔5190公尺的那根拉山口後，遠遠下方，納木錯湖像一顆淺綠的藍寶石鑲嵌在雪原中，寧謐地散發出誘人光采，穿過雪坡直擊我們的眼和心，三人輕聲讚歎，下車步行，一步一腳印融入天湖的聖潔之美……。

■ 扎西半島入口處的石柱被稱為「迎賓石」，頂上掛滿祈福的白色哈達。（時為4月）

　　抵扎西半島，發現商家全已撤走，無法留宿，扎西寺的大門深鎖，石洞中的修行人也不見蹤影。我們踩著積雪走到湖邊，山與湖如詩如畫，震懾得人不得不坐下來，以免承載不了那份空靈之美的重量。

　　凝視湖對面綿延的雪山，在藏民的認知中，山不動神動，念青唐古拉山神傳說是一位穿白衣、戴白巾、騎白馬的英武勇士，此刻感覺祂就在空中，像光像風像雲一樣，巡視護佑著十方眾生。再一定睛，祂又宛如丈夫伸展粗壯的臂膀，深情地環繞護衛著瑰麗的妻子納木錯。

　　彎身掬起清澈的湖水，喝了一口，鹹中帶著清冷甘甜，一股冰寒由喉嚨一分為二，一股往腦門直竄，一股直抵丹田。好像任督二脈剎那被打通，感覺自身敞開如一個小宇宙，充滿無限、寧謐的力量。

　　湖面倒映陽光閃爍著白花光芒，風揚起，波浪不斷，據說納木錯和大海一樣有潮汐。浪濤來回撞擊著遍布大小石頭的湖岸，原本清澈見底的湖水，因為波浪，倒影破碎扭曲。這真像我們的心，當心被種種感官刺激所干擾，忙於投射與曲解，便無法如實映照。天湖只有在無風、水波不興時，清澈如鏡的湖面才能映照景物。我們的心湖，也只有當心靜止時，雜質沉澱，才能清明地反映事物的實相。

　　回程轉往納木錯村，我們在唯一的小雜貨店吃方便麵、喝酥油茶，然後在村中四處閒逛，這是個冷清的小村落，經濟好些的，聽說都搬到鎮上去了。現在才11月初，村子四周積雪已盈尺，再過一兩個月，積雪更深，村子便與當雄鎮隔絕，直到來春雪融。

　　我們三個外地人很快引來一群小孩，對著我們相機擺出各種姿勢。我試著和他們說藏語，沒想到，每說一句就引來一陣笑聲。

　　我問：「我說的不對嗎？」

　　他們笑著回答：「對啊！」

「那你們為什麼笑？」

他們回答不出來，還是一逕笑著。

不一會兒，村童玩起「溜冰雪」遊戲，中間一人蹲著，左右手分由兩側站立的人拉著往前溜，有時失去平衡，三人摔成一團，哄笑聲中再度爬起，雪沾滿全身也不理會，又重新開始。

我取下手錶測量溫度，數字到零下三度了還在降，我裹緊羽毛衣和風衣，無法想像嚴冬時的寒冷。遠遠看著這群滿臉純真、玩得忘我的村童，清脆的笑聲蕩漾在白茫雪原中，這種單純、發自內心的快樂，在擁有各式各樣玩具的城市小孩身上是難以看到的，從某個角度看，這些村童既富有又幸福！

2006年4月下旬，和台灣來的朋友四人三訪納木錯，這回從後藏的日喀則（班禪喇嘛駐錫地）穿越山中舊路前往，連翻兩個高山埡口，第二個高達5395公尺，創下我的最高紀錄。由於全是石子路，加上下雪，車速不快，八點多天黑了還在路上。車燈照射下，雪花飄揚，裝飾著這段奇異的旅程，宛如有個夢想國度，在黑暗盡頭等著我們。

夜宿湖畔藏式大帳篷，篷內溫度零下，厚重的棉被形同冰塊，靠著暖暖包，才稍微暖和。帳篷外狂風呼嘯伴著浪濤，催眠曲似地哄人入睡。半夜起來上廁所，一出帳篷，不禁愣住！雲層已散開，皎潔明月當空，光華籠罩大地，聖潔迷離。仰望滿天星斗，燦爛閃爍如貼滿夜空的鑽石。

隔日一早，晨風呼嘯，坐在湖畔，等待太陽從山丘後露臉。冬天的納木錯，湖岸波浪會翻湧著結成天然冰雕，最神奇地是，湖面結冰的時間據說都在藏曆十一月十五日夜晚，以咆哮之勢瞬間整個湖面凍結，這個日子幾十年來只

差一天。

　　回首，湖畔瑪尼堆遍布，山丘上的五色經幡旗隨風啪啪擺動。瑪尼堆與經幡旗，日夜唱誦經文，更添納木錯的神聖氛圍。

　　眼前，神山雄偉磅礡；聖湖優雅柔靜，不知名的雪白鳥兒在殘冰湖面盤旋翱翔，寂靜遼闊中，一片生機盎然，天湖隨陽光變幻深淺的藍綠色彩，彷彿天樂奏鳴，我聽到了冰層迸裂的聲音。

　　啊，春天來了！

▓ 快樂玩著「溜冰雪」遊戲的納木錯村孩童，輕脆的笑聲在白茫雪原中盪漾開來。

一個康巴漢子的歌聲

西藏冬天酷寒，學校從聖誕節開始放寒假兩個多月，爲了一睹川藏線雪景，我於12月底搭巴士離開拉薩，打算走川藏公路到邊城芒康，再轉省際班車出四川成都。

十點半的車子，因爲乘客行李過多，車頂打包拖了兩個多小時，我有點著急，延誤行程怎麼辦？但不見其他乘客著急或抱怨，連藏族師傅也慢條斯理，這眞是一個隨遇而安的民族。

午後一點終於開車，車過拉薩大橋轉入川藏公路，窗外冬景蕭瑟，山上覆蓋深淺不一的積雪，在明亮的陽光下閃爍。車上一台小電視播放著畫質不佳的卡拉OK伴唱帶，一首又一首藏漢流行歌曲交錯，前後有人跟著哼唱。坐在我旁邊的康巴年輕小夥子，更是扯開喉嚨使勁唱著。後來伴唱帶沒了，他繼續引吭高歌，我環顧四周，車上乘客大都見周公去了，只有他一人精力充沛。

我一邊聽他唱歌一邊欣賞風景，他的歌唱技巧也許不如歌手，但他和我聽過的藏民唱歌一樣，歌聲都是從心裡深處迸發而出。或許因爲那些歌曲歌詠的是他們從小生長的家鄉，有一種氣魄與情感，如連綿的青山，如浩浩蕩蕩的江河，渾然天成，這些特色都非一般歌星所能模仿。

難怪有人形容，一個康巴漢子的歌聲，就像火山噴發出的噴泉，火熱奔放，彷彿長了翅膀，飛快地就上了青天，直穿透雲層；又像高原的陽光，自天

而降，灼熱得人身心暖洋洋地。

　　又有人說，你根本無法阻止一個康巴漢子在任何時候任何地方唱歌，唱歌是他們的本能，也是一種生活方式，那歌就是從他們生命中孕育出，再藉著他們的口飛出來的。

　　小夥子唱了一會兒後終於暫停，拿出一袋麻花捲，看我也沒睡，遞過來請我吃，還搖晃著他喝一半的可樂問我要不要喝？我趕緊也拿出餅乾回請，兩人就此打開話匣子。

　　我用藏語問他叫什麼名字？他一臉茫然，我想起拉薩話和康巴話互不相通，只好改用普通話問他。他名叫格桑尼瑪，是藏東芒康人，和朋友到拉薩辦事，現在要回家了很興奮。知道我正在藏大學習藏語文，尼瑪非常高興，對著窗外東指西指不斷問我拉薩話如何說？然後又告訴我康巴話如何說。

　　沒多久，尼瑪又自個兒開始唱歌，隨著顛簸的車身，我也不支睡著。迷糊中被吵雜的聲音驚醒，前座一個四川婦女正轉身對著尼瑪和他另一側的兩個朋友破口大罵，他們三人用藏語回了一兩句，婦女罵得更兇。三人不再回應，只是笑嘻嘻地望著婦女，那婦女連珠炮罵了一陣後，自覺沒趣，返身坐定。我低聲問尼瑪：「她為什麼罵你們？」尼瑪搖搖手沒答腔。

　　過會兒，他直起上半身往前窺視，婦女睡著了，尼瑪小心翼翼把一件軍用大外套移到婦女座位上的行李架，三分之二鬆鬆垂下，隨著車子搖晃，大衣漸漸往外溜下，我知道他要惡作劇，笑了起來，尼瑪用手指比了個噤聲。

　　終於大衣整個滑落，掉在婦女身上，把她嚇醒，她起身將大衣塞回行李架時，回頭瞄了一眼，他們三人一本正經佯裝沒事兒，我趕緊轉向窗外以免露出

英挺帥氣的康巴小夥子，一路引吭高歌。

馬腳，等她坐定，他們三人摀住嘴相視而笑。

多次走川藏公路或滇藏公路遇到的康巴人，個性就是如此開朗，是那種腰佩藏刀、大口喝酒大聲唱歌的豪邁個性。古時吐蕃國分裂後，由於政治、地理的阻隔和部落族群的差異，在青藏高原逐漸形成衛藏、康區（藏東）和安多（藏北）三大區，語言也分爲三大類。拉薩（屬衛藏）因爲是首府，拉薩語算是官話，居民自視較高，我認識的拉薩朋友常提醒我，練習說藏語時不要找康巴人，因爲他們粗俗，不用敬語，但是我個人卻很喜歡康巴人的個性。

從成都飛拉薩的一千三百公里航程中，大半飛行在群山高聳、河谷深切的橫斷山脈上空，橫斷山脈所在也就是孕育康巴人（佔藏人數量一半以上）的所在。一九六○年代中共要解放西藏時，所面對的反抗軍便是以康巴爲主力，當

時成軍最早的「雪域護教志願軍」，在康區與中國人民解放軍纏鬥長達十年，最後彈盡援絕、糧食不繼，依然堅持在自己的土地上流完最後一滴血。他們沒有逃亡，據載許多人在被俘前自殺，臨死不屈，留下西藏歷史悲壯的一頁。

康巴人不僅勇武剽悍，並擁有卓越的經商才能，早自清朝時期「茶馬古道」興起後，就是出了名的生意人，而在拉薩八廓街作生意的也幾乎都是康巴人，在大昭寺廣場更常看到神態自若地朝聖的康巴漢子，塊頭高大，臉色黑亮，以紅絲線裝飾結辮盤髮，額邊垂下名爲「英雄結」的紅絲穗，耳戴單掛耳環，衣袍下擺提高至膝蓋上，兩袖紮於腰間，佩把腰刀，十分英武。康巴姑娘則是將一頭長髮編成數十根細辮子，並將各種寶石飾物直接繫在髮辮上。

康巴人五官深邃似西方人，據說西元前336年，亞歷山大率軍東征，短短四年征服了敘利亞、埃及和整個波斯。十年後，他又揮鞭直指印度，鐵騎抵達印度河、恆河，後來西撤時，在印度北部山區留下一批人馬，其中一部分人馬又沿著喜瑪拉雅山遷徙，最終定居於西藏東部的橫斷山區，成爲康巴人

▌康巴漢子習慣以紅絲線結辮盤髮，稱為「英雄結」。

祖先。

　　康區雖然距離聖城拉薩遙遠，信徒朝聖的意願卻強大無比，我曾經多次在路上遇到前往拉薩朝聖的康巴人，有三五結伴的、有大隊人馬的，有徒步的、有磕長頭的，在群山間依著各自的節奏，朝著聖城的方向堅定地前進，形成山路上獨特的一道風景。

　　近年來，有首由康巴人美朗多吉創作詞曲的歌曲〈康巴漢子〉傳唱四方：

　　哦，我心中的康巴漢子喲！
　　額上寫滿祖先的故事，雲彩托起幻想，托起幻想。
　　胸膛是野性和愛的草原，任隨女人和朋友自由飛翔，
　　血管裡響著馬蹄的聲音，眼裡是聖潔的太陽。
　　當青稞酒在心裡歌唱的時候，世界就在手上，就在手上……

　　這首歌傳達了康巴人如高山似草原的達觀與真性情，他們有點像吉普賽人，也有點像美國西部牛仔，喜歡自由，享受自由，活得瀟灑又自在！

　　天色漸暗，車子還在群山間趕路，尼瑪又開始唱了，另有幾人也加入他，在暮靄沉沉中；在缺氧的高原空氣裡，歌聲有一份穿透茫茫雪山、跨越蒼莽草原的穿透力，高亢、悠揚又壯闊。康區最著名的說唱文學《格薩爾王傳》英雄史詩，也就是這樣傳唱了千百年的吧！

善妙地域的最後一夜

2005年的最後一天，是我從拉薩搭車往東走的旅程第三天，來到藏東邊城芒康，這是川藏公路和滇藏公路會合的一個小縣城，海拔近4000公尺。乍聽這地名，讓我聯想到「雲淡風輕的秋日，一大片白芒花在秋風中飄揚」，藏語的意思卻是「善妙地域」。

發源於青藏高原的金沙江、瀾滄江、怒江，在附近幾百公里範圍平行而流，構成「兩山夾一江，兩江夾一山」的三江地區，層峰峽谷，山川壯麗。

接近午夜了，躺在一晚三十元鋪有電熱毯的床上，了無睡意。黑暗中，背部溫暖，臉龐卻凍寒。是因為感覺到時間一分一秒地流逝，以致有些捨不得入睡吧，想要清晰地隨著時間長河流淌過2005年的最後一夜，於此善妙地域。

回顧2005年，是豐富精采的一年。5、6月我實現了渴望多年的滇川藏獨行；7月通過到西藏大學學習藏語文的申請；9月中旬以來都在藏地度過。點滴難忘的境遇，將我的生命由裡到外徹底洗滌了一番。

2005這一年，值得記錄的還有我跌了三跤，是有生以來最嚴重的三大跤。

第一大跤發生於元旦，在台北縣金山法鼓山參加「導覽義工培訓」，為了趕到隊伍前端錄下解說內容，匆忙中三步併作兩步，外加大跳躍，沒想到一個踉蹌摔倒，右手臂重創無法動彈，當了一個多月「獨臂人」。

頭幾天，總在夜半被疼痛驚醒，我用左手輕柔地撫摸著右臂疼痛的每一吋

肌膚。醫學說人體內約有六十兆個細胞，負責不同任務，以維持身體正常運作。那麼，疼痛是一種訊息吧！是細胞在吶喊、抗議我因疏忽所造成的損害，同時也代表它們正在努力修護，好讓身體早日康復。

　　我不禁懷著虔誠感恩的心，向每一顆細胞深深致意。

　　因為文河於北京工作，兩個兒子在外地求學，一切都只能靠自己。本是配角的左手一下子承擔起右手的工作，這才發現平常是多麼偏重右手、忽略左手的存在！因為左手欠缺練習，所以即使是單手就可完成的簡單動作，現在也只能笨拙地學習。

　　有些動作實在左手單獨無法完成，只好試探右手疼痛的底線，先為手肘找一個支點，再慢慢地嘗試使力，這個角度使力會痛，就換個角度；還是會痛，再換個角度……，以遊戲般的心情，反覆在不同程度的痛中，尋找比較不痛的可能性。

　　這也是受傷後最大的收穫──體會「慢」和「放鬆」。以往理論上知道「放鬆、放鬆，要放才會鬆，愈慢愈能鬆」，現在才有機會親身印證。

因果業報與輪迴是佛教最基本的教義。圖為寺廟牆壁經常可看到的輪迴圖，又名生死流轉圖。主體為中陰閻羅法王口含六道輪迴之輪，圓心雞、蛇、豬代表眾生的貪、瞋、癡三毒，往外以兩色代表善趣、惡趣，再往外為六道，最外層則是十二因緣。

　　第二大跤發生於3月初春的北京，住在文河公司宿舍，面積不小的浴室內只有開放式淋浴。一晚洗過澡，順手想清洗浴室，打赤腳一手持蓮蓬頭，一手持刷子來回用力刷著，沒想到移步時腳底一滑，重心不穩，仰頭整個人往後摔成四腳朝天。撞擊到地面的剎那，心中閃過一個念頭：「怎麼會這樣呢？」同時下意識地觀想自己被諸佛菩薩的光芒環繞著、保護著……。

　　接著空白了不知多久，估量是短暫失去了意識，恢復知覺時就是文河正要把我從地上扶起，急切地問：「妳還好嗎？頭有沒有撞到？」我聽見他說的話，但有點恍惚，無法立即回應，文河更著急，用手摸著我的臉，不斷喊我名字。我終於能伸手摸摸後腦袋，勉強回答：「應該沒事吧！幫我拿一下衣服，我還沒穿衣服呢！」

　　事後發現是紮在後腦上、用來挽高長髮的大髮夾，幫我承受了撞擊的力道，當我望著浴室地上那整個斷裂的髮夾，腦中閃過「因果業報」四字。平常洗澡我習慣以橡皮筋綁頭髮，這天卻心血來潮改用大髮夾，這大髮夾是在慈善義賣會買的，放了好久都沒用，今天若非使用大髮夾而是仍以橡皮筋綁頭髮，後果不堪設想。想起時常聽說半百年紀以上的人因意外跌倒，造成嚴重骨折、脊椎受傷或腦出血的重創，心中打了個寒噤，對自己的幸運只有滿心感恩。

　　謝謝你啊，大髮夾！謝謝祢們啊，諸佛菩薩！

　　第三大跤發生在7月，和朋友前往日本登山，下山時，我用小跑步下之型步道；跑了一段後，在轉彎處不小心踢到一突起石塊，往前一個踉蹌，由於正好是之型路轉角，身體來不及回正，整個人往路旁碎石坡下騰空摔出！落差加上跑步下坡的加速度衝力，使得身體及臉部著地後還像打棒球盜壘般往前滑

行，刹那感覺一片空白，只聽見同伴喊我名字的驚呼聲在背後響起……。

停止滑動後，回過神來，我緩緩爬起，坐在滿是小碎石的地面，摘下已變形的太陽眼鏡，感覺臉上濕濕的，是血吧！正在一滴滴落下，趕到的同伴趕緊幫我初步清潔止血，然後扶我起身，幸運地，除了臉部受傷，只有手掌和膝蓋有輕微擦傷。

慢慢走下山，留守山下的隨隊醫生，立刻幫我消毒擦藥，所有同伴圍在四周關懷，有人說：「剛剛在山頂神社，不是有日本和尚為大家誦經祈福嗎？怎麼都沒保佑啊？」有人接口：「不，要這樣想，就是因為有祈福，所以化險為夷，雖然摔倒，但傷得不嚴重。」

說的一點也沒錯，那樣的地形，那樣的摔法，僥倖只有皮肉傷，真的是佛菩薩保佑啊！

當酒精消毒的刺痛滑過臉上傷口時，我在心中祈禱：「就讓我來承擔所有會在這條山道上跌倒者的業報吧！願今後走在這條山道上的每一個人，都能平平安安、順順利利！」

這有生以來的三大跤，幸運地，有驚無險平安度過，心思敏銳的我，總覺得三次摔倒有它特殊的意義……。

思緒還停留在一年來的回味，手機響起提醒收到短訊的嗶聲，我看了下錶，剛過午夜十二點，是誰這麼晚還傳短訊來？打開短訊，原來是6月獨行藏區時，半路結緣的佐欽寺佛學院年輕學僧多吉澤仁傳來的：「摘2006顆星星照亮妳的前程，種2006棵玫瑰陶醉妳的心情，折2006個紙鶴陪妳歡樂時刻，找2006個理由祝妳元旦快樂！」

我笑了開懷，下回見面要記得糗他是從哪抄來的句子。

2006年的第一分鐘，我在「善妙地域」，躺在黑暗中，滿懷對生命、對一切有情的感恩，微笑入睡！

▓ 瀾滄江蜿蜒於藏東橫斷山脈地區，流經之處均孕育出綠色生機。

黑暗中的春天

曾看過一部電影《在黑暗中漫舞》，女主角瑪莎是捷克籍的單親媽媽，帶著兒子到美國治病，兒子和她一樣患了先天疾病，會慢慢失明。儘管她的視力也在快速衰退中，但為了存夠兒子的醫療費，她拚命地工作，甚至拒絕了愛情。

在她失明那天，她和同事傑夫一起走鐵道回家，喜歡歌舞的她邊舞邊唱：「我都看過了，我看過樹林，看過柳枝在春風中搖曳，看過我的過去，也看過我的未來，我都看過了，再沒什麼可看了……。」傑夫唱：「妳可看過尼加拉瓜瀑布？」瑪莎含笑輕唱：「我看過水，瀑布也是水，我看過黑夜，看過點點火花綻放的光亮，有這麼多，再要就貪得無厭了。」

那首歌聽得我泫然欲泣，一個即將看不見這多采多姿世界的人，竟能如此心平氣和、無怨無悔，她的心真是廣闊如海洋啊！

拉薩也有一個心如海洋的德國盲女，由於她的願心，西藏一些原本被繩子綁著或關在家裡不給外出的盲童，黑暗的生命才有了春天。

2005年12月，入冬後的拉薩，白晝因為陽光普照不太冷，但只要太陽下山，溫度驟降，便天寒地凍。有幾次宿舍暖氣故障，房間像是冰庫。年初，曾嚴重跌傷的右手臂及右肩背，受到寒氣影響，舊疾復發。

接連幾個夜晚，在睡夢中被痠痛喚醒，起身靠牆坐著，月光透過窗簾，淡

柔灑覆房間一隅。細細察覺疼痛，好像有無數的蟲正在慢慢地啃噬著神經、骨髓；又像是交響樂團的不同樂器，此起彼落演繹著疼痛，演奏到高潮，也痠痛到極致。

不想靠西藥消炎止痛，只有勤練氣功緩解痠痛。後來在網路上看到有人推薦拉薩一家盲人按摩所，依址前往，幫我按摩的藏族女孩名叫「德吉」，雖然眼盲，但動作熟練，而且很有禮貌。邊按摩邊聊天，才知道她畢業自一所由「盲文無國界組織」設立的盲童教育訓練中心，校長是德國人，也是盲女。聽到這兒，我心中一動，該不會那麼巧，就是幾年前讀過的那本書的作者吧？

大約三、四年前讀了一本書《我的道路通往西藏》，作者莎碧麗葉·田貝肯（Sabriye Tenberken）是一個後天失明的德國女子，大學畢業後於1997年獨自來到藏區，以騎馬方式探訪偏遠地區失明的孩童。一路上，支持她信念的就是她讀中亞學系時所許下的願望：「在西藏建立一所盲童學校！」

歷經千辛萬苦，她終於建立了西藏第一所盲童教育訓練中心，並發展出第一套藏文點字。她讓大家知道，失明不一定是阻礙，每個人都可以不斷嘗試實現夢想。她堅信，如果人們願意相信生命中的意外，坦然面對未知，一切會變得非常容易。

看完書深受震撼及感動，一個盲女都可以發大願，努力實現自己的夢想。我們明眼人還有什麼藉口，不敢向夢想跨出一步？

懷著好奇心，我前往盲童教育訓練中心，大門口貼著英文告示，註明開放參觀的時間，正感狐疑，為什麼只有英文？難道只有外國人來？腳踏車不小心碰到大門發出聲響，門隨即開了個小縫，有人探出頭來張望，是個弱視小女

孩，我用藏語打
招呼，說明來
意，她打開大
門，讓我牽腳踏
車進去。

　　一進去是個
大庭院，十多個
不同年齡的盲童
正在遊戲。弱視
小女孩高喊了一
串藏語，幾個小
女孩靠過來，摸
索著拉住我的手

▓ 盲童大多具有敏銳的音感，在歌聲中神遊十方。

到長板凳旁，「阿姨，坐下嘛！」「阿姨，您第一次來嗎？」「阿姨，您叫什麼名字？」東問西問，一點也不怕生。

　　從屋裡出來一位康巴婦人，是照顧孩子生活的褓母，孩子叫她「阿媽喇」（藏語「母親」的尊稱），我告訴她是按摩中心的德吉介紹我來，我想瞭解這裡的運作，阿媽喇回答每週一和週五下午兩點固定對外開放參觀，那時才有專人導覽介紹。

　　隔週依照開放時間前往，有幾個小女孩聽到我的聲音就認出我來，高興地拉著我的手喊我藏名。負責導覽的是一位藏族年輕人，普通話、英語都說得不

錯，他解釋因爲冬天太冷，校長回德國家鄉探親並募款，春天才返回。

　　以收容學齡盲童爲主的中心，完全免費，目前有四十個學生，最小的六歲。依學生程度分成三班，各班都有一個趣味化的班名——老鼠班、老虎班、兔子班，學習日常生活、藏文、中文、英文和按摩技術，未來計畫增加看護、放牧及農產等職業訓練。目前有七位已成年畢業，於市區按摩所自力更生。

　　中心的經費來源，絕大部分靠國外捐款，另外設有小商店義賣印有中英藏文「盲文無國界組織」字樣和圖案的T恤、夾克及藏式紀念品，許多外國觀光團會來此參觀、義買及捐款。

　　莎碧麗葉書中提到，依據官方資料，西藏二百多萬人口中，有超過一萬名的盲人，其中包括許多六到十四歲的學齡孩童。造成失明的原因有：強烈的日光照射、屋內的灰塵和煤渣、缺乏妥善的醫療照顧等。

　　在盲童教育訓

▓ 「盲文無國界組織」網站上的這張照片，道出了盲童對資助者的感謝。

練中心成立前，西藏盲人沒有受教育的管道，也無法融入社會，他們不是躲在黑暗的屋內，就是上街當乞丐。是莎碧麗葉帶來了希望，她就像一位度母（觀世音菩薩），慈悲地為他們打開了一扇窗。

之後每隔一陣子，我都利用他們課餘空檔，帶著水果前往探望，和小孩聊天，有時一起坐在庭院靜靜曬太陽或聆聽他們彈琴唱歌。

當他們挨著我坐，近距離注視他們眼睛，有的半瞇，有的往上翻白眼，有的歪曲變形，少了「靈魂之窗」，臉部也少了許多光采。我有時會望著他們無神的眼睛發呆，生活在黑暗中，什麼都看不見，那是什麼樣的感覺？我多次閉上眼睛，試著去揣摩，有點茫然；再張開眼，看到周遭五顏六色的美麗世界，看到飄浮在藍天上的白雲蒼狗，看到樹梢冒出的嫩芽綠葉……。啊，能看見真是何等地幸福！

幾次相處後，發現失明的孩子特別耳聰，味覺也很靈敏，有回我帶了不同口味的果汁QQ糖，一人一包，他們一吃，立刻辨別出口味，互相交換分享。這真是應驗了一句老格言──「當上帝關上你的門，就會為你打開一扇窗。」

春天時，校長返回拉薩了，有回我去時正好看到她忙著帶外國旅客導覽，遠遠望著她背影，瘦高的身材，背脊堅挺。之後，課餘時間我忙著撰寫我的第一本書《聽見西藏》，去的次數少了，無緣再見。

再漫長再寒冷的多天終會過去，願西藏及全天下的盲人，都能擁有如春日般的喜悅與安寧！

阿姐甲莎文成公主

走過藏區眾多大大小小的寺廟，許多佛殿供奉有面目猙獰、威赫忿怒的護法神，都是西藏密宗的代表，與原始苯教有著密切關係。而在這些千奇百怪的塑像中，偶爾會出現具有「人味」的歷史人物，其中最教我沉吟低迴的便是唐文成公主的塑像。

一千三百多年前，遠嫁異邦的文成公主贏得了吐蕃國全民愛戴，藏民親密地稱她為「阿姐甲莎」（漢地姐姐）。她以活生生的人物在藏民心目中羽化成神，藏民視其為觀音度母的化身，今日在布達拉宮等多處都供奉著她的塑像，看似功成名就，但我總忍不住望著公主肅穆美麗的塑像感觸萬千。

當年，十五歲的她從長安城出發，想必絕無如我每回入藏彷彿回家般的寧謐喜悅之情，她應該是萬千思緒翻湧，心中充滿無奈與悲傷吧！此去，與故鄉與親人相會遙遙無期……。

這段跨國的千里聯姻是如何牽成的呢？

傳說觀世音化身的松贊干布，用法力從天竺南方請來自己的依怙本尊後，向本尊祈願，本尊從眉間朝西和東方各射出一白一綠兩道光芒。松贊干布順著白光看到尼泊爾尺尊公主，順著綠光看到唐文成公主。而兩位公主之所以會嫁給松贊干布，係因為她們是白、綠二度母的化身，白、綠二度母又是大悲觀世音的兩滴眼淚變成的，所以她們遠嫁吐蕃是為了和松贊干布共同普度雪域眾生。

　　若依據史書記載，則是在大唐帝國日益強盛的同時，雄才大略的松贊干布也建立了西藏歷史上第一個統一政權吐蕃王朝。他深知提高及鞏固國家地位的最佳途徑便是與大國聯姻，於是先迎娶了尼泊爾尺尊公主；然後於西元640年，派遣機智的大臣祿東贊率使團赴長安求婚。當時求婚的各國使臣很多，唐太宗從李唐宗室中挑選一位少女，封爲文成公主，並出了五道難題，允諾誰能智勝，公主便嫁給該國君王。

　　第一道難題是將絲線穿過九曲玉璁。祿東贊用絲線縛住一隻螞蟻，放在玉的孔口，輕輕吹氣，螞蟻慢慢地爬進孔內，將線穿過。

　　第二道難題是命各國使團限時宰一百隻羊，將羊肉吃完，羊皮熟好，並喝下一百罈酒。這些都是高原牧區熟稔之事，祿東贊和使臣們當然輕而易舉贏了。

　　第三道難題是認出一百匹母馬和一百匹馬駒間的母子關係。祿東贊先

位於帕崩卡遺址後山坡的這座宮殿，據說是文成公主故居。

將馬駒單獨關上一夜，只餵草料不給水喝，隔天放出來，馬駒各自跑回母馬身旁吸奶，母子關係立現。

第四道難題為分辨一百根頭尾直徑相同的木頭哪頭是樹梢。祿東贊把木頭推進水裡，頭重尾（樹梢）輕，重的下沉，輕的浮在水面，一目瞭然。

最後，唐太宗讓文成公主混在三百名裝扮相同的美女群中，令使臣們認出公主。聰明的祿東贊，早就向服侍過文成公主的侍女打聽公主的模樣特徵，知道公主眉心有顆朱砂紅痣，右腮有顆酒窩，順利認出。

於是，文成公主嫁給了松贊干布。根據記載，唐太宗以釋迦牟尼佛像、珍寶、樂器、經典、金玉飾物等作為公主的嫁妝，還有各種營造和工技著作、醫方、醫療器械、醫學論著，外加大批工匠隨同前往。至今藏東康區還流傳著一首民歌：

從漢地來的王后文成公主
帶來了不同的穀物三千八百種
給西藏的糧倉打下了堅實的基礎

從漢地來的王后文成公主
帶來了不同的畜牧五千五百種
使西藏的酥油乳酪年年得豐收

從漢地來的王后文成公主

帶來了不同的工匠五千五百人
給西藏的工藝技術打開了昌盛的大門

現代從西安（古之長安）到拉薩，飛機只要三小時，火車不過三十五小時。但當時文成公主進藏之路卻只能走「唐蕃古道」，從海拔約200公尺的長安城出發，到拉薩全長二千多公里，古道穿行平均海拔4000公尺的青藏高原，包含人跡罕至的凍土荒原，翻高山，渡河流。沿途人煙稀少，必須經歷缺氧、酷寒和變化莫測氣候等種種考驗。

一個嬌弱的公主放下富裕生活，不畏艱險困苦遠赴西域，她給吐蕃人民的印象完美無比，至今流傳許多民歌，歌詠著人民對文成公主來臨的期待：

今天文成公主來西藏
獅子進了大森林
孔雀落在大平原
不落的太陽高高升起
西藏從此幸福太平……

她進藏的過程，更是被想像力豐富的吐蕃人民神話化，如故事般傳頌著。

傳說文成公主來到青海湖東側的赤嶺（唐朝和吐蕃的分界線），登高望遠，以東是農業區，阡陌梯田，農舍村落，綠麥織錦；以西是牧區，廣闊草原，牛羊成群，更遠處雪峰連綿。想到自己餘生，悲從中來，她取出皇后所賜

大昭寺主要供奉釋迦牟尼佛十二歲等身像，是藏民朝聖的最高目標。

的「日月寶鏡」，皇后告之會浮現長安景色和思念的親人，誰知什麼也沒看到，公主忿而拋出，寶鏡碎裂變成兩座小山，從此，赤嶺改名為「日月山」。

公主淌下如泉湧的淚水，幻化成一條小河，小河因為同情公主遭遇，不向東流，反隨公主一同向西而去，形成注入青海湖的「倒淌河」。

歷經一年（另說三年）風霜，公主一行終於抵達拉薩，這時發生了怪事，用木輪車運載的釋迦牟尼佛像，突然陷進荒草灘的泥濘之中，無論怎麼推也推不動，公主一卜卦，說：「佛祖自己選定這裡作為所依之處，佛像就供在這兒吧！」於是，大家找了塊較平整的乾土地供奉佛像，用綢緞做成帳幔圍在佛像四周，成為小昭寺前身。

文成公主入藏後，松贊干布相繼派人前往長安學習；唐太宗也多次派遣擅長營造、釀酒、染織等工匠赴藏，還運去各種穀物、蔬菜種子、茶葉、絲綢等，加速了漢藏之間文化、經濟的交流與影響。

文成公主性情淡泊寬厚，作為多在農耕、織作和工藝等方面，深受藏民敬愛。但好景不長，當了不到十年王妃，松贊干布就過世；之後，她守了三十年漫漫長夜，在入藏後的第三十八年離世長辭。期間，吐蕃與大唐屢起干戈，她逝世時，兩國還在打仗，但吐蕃人民對她的愛戴是真摯的，隆重地將她與松贊干布合陵安葬。

今日站在大昭寺金頂，可以望見傳說是文成公主帶到西藏的唐柳，種植在大昭寺門前，一千三百多年過去了，蒼勁的枝椏仍挺拔伸向藍天 ❶。

才十五歲啊！含苞待放的花樣年華，還來不及綻放，就為了維繫大唐帝國和吐蕃兩國關係，毫無選擇餘地的接受命運，踏上不歸路，終其一生，未再返

回故鄉。

　　她曾夢迴長安嗎？她如何適應冰天雪地、言語不通的雪域？松贊干布過世後，她如何面對長夜孤寂和思鄉的情愁三十載？

　　從和蕃及文化交流的意義來看，公主不朽。只是，作為一個

▓ 傳說由文成公主帶到西藏的唐柳，種植在大昭寺門前，枝椏蒼勁挺拔。

女人，或許公主寧願自己是一個可以擁抱單純家庭幸福的無名村婦？

　　逝者已矣，答案我們永遠不會知道。

------

❶ 一說唐柳早已枯死，目前所見為後來種植。

佛國人間八廓街

環形拱住大昭寺的八廓街，是一條深受藏民及觀光客喜愛的街道，它的獨特在於它的多元內涵，既有宗教的神聖氣息，又有買賣交易的商機；商品琳瑯滿目，古今相融，中外並存。走入其中，常令人分不清哪兒是神的世界、哪兒是人的世界，佛國與人間交融。

一千三百多年前，大昭寺完工，來自各地的僧俗信眾紛至沓來，於是出現了提供各種服務的店鋪。十七世紀，五世達賴喇嘛修復大昭寺，眾多客棧、飯館和商鋪，圍繞著大昭寺應運而生，各國商販、遊客和朝聖者匯集於此，構成八廓街獨特的風貌。到了十三世達賴喇嘛時期，八廓街的名聲已遠近馳名。

一般旅遊書都稱「八廓街」為「八角街」，這名稱使得沒來過拉薩的人以為這條街是八角形。這個誤稱，聽說源於當年進藏的解放軍大多是四川人，把「八廓」念成「八角」的緣故。

白日的八廓街，熙攘喧鬧，混合著各種聲響與氣味，一走入，整個人就會湮沒在商販叫賣聲、討價還價聲及音樂歌聲裡，空氣中飄散著藏香味、煨桑煙味、酥油味、甜茶味、胭脂香水味，百味雜陳。

這裡的商人大都是善於經商的康巴人，也有漢人，他們都懂一點英語和日語，口齒伶俐地招呼客人，開價時天馬行空，遊客砍價成為必須的過程。

逛過無數次八廓街，我對那琳瑯滿目的商品早已免疫，只是喜歡那種擠在藏

民中間，隨著人潮往前走的感覺，「隨波逐流」這詞兒好像有點負面，但用來形容在八廓街和人潮一起往前移動的畫面與感覺，最是恰當不過。

清晨和黃昏的八廓街，回歸諸佛菩薩和轉經者，少了攤販及觀光客，人間的喧囂隱去，佛國意境浮現，一片祥和。我最

各式各樣的小轉經輪，內裝經文，每轉動一次等於誦經千百回。

喜歡在這時刻夾在轉經藏民中，持著佛珠誦咒隨行，臂膀和他們碰觸，衣襟和他們摩擦，耳中傳來藏民手搖瑪尼輪轉動的聲響，這聲響就像是一個提醒我去「記得」的訊號，將我從塵世時空喚醒，記起自己心中蒙塵的佛性。

在八廓街流動的風景中，最引人注目的是乞丐和千里磕長頭而來的朝聖者。

看到乞丐，總會想起朋友以前告訴我的一個笑話。有一個人死後，上帝問他希望來世擁有什麼？這人暗自高興，很快回答：「我希望不用工作就有人給我錢！」結果，他的下一世成為乞丐。

這笑話有點警惕作用，但在急速變遷的西藏社會，這則笑話卻是真實。面

對遊客等比增加的趨勢，不只是許多大人選擇乞討維生，更有不少父母也要孩子投入這種「不用工作就有人給錢」的生活，不讓孩子上學。我時常對著來要錢的學齡兒童問：「你為什麼不上學呢？」看著他們一溜煙跑掉的背影，我總是一陣心酸！

　　只要在拉薩待得夠久，仔細觀察還會發現，乞討小孩的身後有時會出現一些神祕的大人身影，不知有否親屬關係？小孩乞討來的錢一律交給他們，每當我停住腳步想要進一步觀察，他們通常機警地快速解散。但願不是有人在後面操控小孩。

　　竟日乞討的小孩，不論年齡大小，大多已練就一身功力，能分辨遊客類型，口中說著一些博取同情的話語，然後伸出髒黑的手，直到拿到錢後快速離開，繼續尋找下一個施主。若遊客不給錢，他們有時會跪在地上叩頭或緊抱住遊客大腿不放，糾纏著直到遊客掏錢，若遊客還是堅持不給，有些小孩甚至會咒罵著轉身離去。

　　同樣是乞討，有的

▌邊彈藏式弦琴邊唱歌的小男孩，吸引了過路民眾駐足圍觀。

就顯得很有尊嚴。有回在街頭看到一群人圍觀，從內傳出弦音及稚嫩的歌唱聲，擠進人群中一看，是個穿著破舊、髒兮兮的小男孩，邊彈藏式弦琴邊唱歌，圍觀群眾聽得臉露笑容，用腳打拍子唱和，曲畢，每個人都自動投錢進男孩面前的空紙盒中。

相對布施給乞丐，遇到磕長頭的朝聖者，布施的心情就充滿尊敬與歡喜。雖然一眼望去，朝聖者的外形比乞丐還「髒」，但他們的心往往是最純淨的。

磕長頭傳說起源於藏東康區，有位僧侶為了修行，未能照顧好母親，母親重病後他感到內疚，決定揹負母親一起前往拉薩朝聖。途中，他先把母親揹到前面放下，然後走回原處對著母親磕長頭前進，以此報恩。人們認為這種方式需要虔誠的信念及堅強的毅力，可以積累更多功德。從此，出現了自家鄉千里磕長頭至拉薩朝聖的方式。

每回在八廓街看到千里磕長頭而來的藏民，我都會眼眶濕熱！最初我很好奇，忍不住跟在後面，等他們休息時問：「為什麼這麼辛苦千里磕長頭到拉薩來？」他們大都只是憨厚地咧嘴笑著，不會回答；有的會感到莫名其妙地望著我，好像我的問題很奇怪似地；有的則會說：「求一生平安啊！」「就是來朝聖嘛！」

後來我想通了，只有我們這種讀書人才會問「為什麼」。對他們而言，千里磕長頭朝聖就像呼吸一樣自然，沒有為什麼。一生至少要磕十萬次等身長頭和一生至少要來拉薩朝聖一次，這兩件事並列為大多數藏民生命中最重要的心願，他們就是單純地相信並努力實踐。

當他們一路跋涉到拉薩，最後匍匐在佛的腳下，用額頭輕觸佛的手足，輕聲訴說自己的願望時，那就是身為一個佛教徒最幸福和最滿足的時刻了。

後來不管在哪裡遇到千里跋涉磕
長頭的朝聖者，我不再去問「為什
麼」，答案不重要。我只要去領受、
去學習他們磕長頭時，那種虔誠、專
注、定靜的幸福神態，就足夠了。

有一首藏族歌謠將磕長頭描寫得
十分詩意：

黑色的大地是我用身體量過來的
白色的雲彩是我用手指數過來的
陡峭的山崖我像梯子一樣攀上
平坦的草原我像讀經書一樣掀過
……

虔誠的磕長頭朝聖者，額頭因與地面不斷碰觸而形成硬繭。

但是，幾個月甚至幾年的磕長頭
時光，在海拔平均4000公尺的高原上，
雨雪風霜日曬，酷寒缺氧，不可能會這麼浪漫吧？箇中艱辛肯定不是坐在屋內
搖筆桿的人所能體會。不過我也相信，自有一股堅強的力量支撐著千里跋涉的
朝聖者──佛就在心中，佛國就在眼前。

別讓靈魂跟不上腳步

告別「岡日托噶」聖地，經由休色寺下山，路面滿布尖銳的大小石塊，萬一跌倒，準皮開肉綻，但之型下坡又使人不知不覺愈走愈快，幾個跟蹌後，我停下急促慌亂的腳步。回想昨晚夜行，奇怪反而走得比陽光燦爛的此刻還平穩呢！

昨日黃昏，我在山腳的小村子下車，與剛認識的一位姑秀喇（男僧侶）及兩位阿尼（女僧侶）結伴，從海拔3600爬升到4300公尺的休色寺，從黃昏走到半夜十一點，經歷一趟奇異的夜行。

我主要目的地是海拔4500公尺的岡日托噶聖地，位於休色寺後山。兩地恰好形成一個金剛亥母自顯像，是個處處充滿自然聖徵的山脈。我來此除了朝聖還負有一重大任務，有位好友虔信藏傳佛教，雖然心臟不好，但憑著願心，去年獨自來西藏朝聖，當她朝聖岡日托噶時，舉步維艱，幸得一位崔津姑秀喇協助，才完成心願。她希望我能代她再次感謝那位姑秀喇，並轉告願供養他閉關費用。

位於拉薩市曲水縣才納鄉山區的休色寺，創建於1181年，是噶舉派八支系之一，後漸沒落。十四世紀時，寧瑪派大師龍欽巴來到岡日托噶的山洞苦修，完成著名的《七寶藏論》（又稱《龍欽七藏》），成為今日寧瑪派的主要典籍。從此，休色寺改奉寧瑪派。

十八世紀，蒙古人入侵西藏，休色寺遭毀成爲廢墟。直到二十世紀初，著名的女活佛休色‧吉尊洛欽於此苦修，跟隨她修行的女尼漸增，於是重建休色寺成爲西藏最大的尼寺，興盛時有四、五百人，目前有一百多人。

■ 十四世紀時，寧瑪派大師龍欽巴於岡日托噶聖地此小山洞苦修，完成著名的《七寶藏論》。今日洞址蓋有一小寺廟，供民衆朝聖。

我遇到的那兩位休色寺阿尼，才二十出頭，講話時喜歡抿嘴而笑，猶帶著少女的羞澀。看到她們就想起西藏有首民歌：「在所有的狗裡面，最自由的是野狗；雖然沒有早飯和晚飯，也沒有鐵鏈栓著脖子。在所有的女人裡面，最自由的是阿尼；雖然沒有頭飾和頸飾，也不用侍候丈夫公婆。」

中年姑秀喇在岡日托噶聖地修行，每隔半個月下山採購一次。姑秀喇說目前在岡日托噶有七位修行人，我趕緊打聽崔津姑秀喇，沒想到他回答在此修行已五年，從沒聽過這個人！❶

昨日一開始走在緩升的公路上，兩旁田野莊稼透露6月初夏的盎然生機，

四人一路藏漢語夾雜閒聊。轉過一個彎，遠處山上露出休色寺屋簷，看來路還遠得很呢！再經過一個小聚落時，跑出一個年輕人幫忙揹東西，原來是姑秀喇的學徒，每回姑秀喇進行長期閉關，都由他護持。

休色寺在公路終點有座充當倉庫及接待站的小屋，值班的幾位阿尼招呼我們進屋喝酥油茶，吃過乾糧，九點告辭。沿著之型小路上山，路面崎嶇不平，滿布稜角尖銳的大小石塊。夜幕已降臨，我說我有手電筒，四人齊聲回答：「不用。」我心中打了個問號，天空雲層密布，沒有月亮和星光，如何看得見山路？

我自顧自打開頭燈，黑暗中見到亮光，心中踏實了點，但視線所及變成受限於光圈範圍，且因拉大了明亮對比，四周顯得更加漆黑。我小心翼翼盯著路面看，但石塊凹凸尖銳，走得我提心吊膽，抬頭看看前面四個背影，走得平穩如履平地，還邊走邊談話呢！

我將頭燈射向他們腳下的路面，想找出答案，他們一見亮光立刻回頭喊：「不用不用，我們看得見。」

這可怪了，沒照明的反而比有照明的走得有恃無恐，是因為這條路他們非常熟悉嗎？但再熟悉也不可能地上每一石塊的位置都記得一清二楚吧？我問：「沒燈你們看得見地上啊？」「看得見的，妳把燈關掉，一會兒就習慣了。」

半信半疑關了燈，乍然陷入墨一般的黑暗中，我睜大眼睛等待著，陣陣山風吹拂，黑暗彷彿隨著山風流淌進入我的身體，我逐步和黑暗融為一體；慢慢地，眼識回來了，我看見了路旁的樹叢，看見了地面的石塊，看見了前面不遠處他們盈盈的笑臉，眼睛果真適應了黑暗。雖然局部的亮度不如燈光，但整體

晨霧中，休色寺阿尼們各自修行的僧房，如夢似幻。

的明度提高，就像看一張黑白的色階表，我已能夠分辨出從白到黑之間的灰色漸層。

奇妙地，宛如體內那遺傳自原始老祖宗的特質被喚醒了，我感覺眼睛愈用愈敏銳，眼觀四方，游刃有餘。

為什麼剛才我認定夜行一定要有照明？想必是受慣性的刻板印象所牽制，這下終於明白了，原來只要喚醒身體內在的「本能」，就可以讓許多事情變得很簡單！

宗薩欽哲仁波切在《佛教的見地與修道》一書中說：「凡夫所見的一切，都是透過情緒、習性和二元對立等自我的濾光鏡，使我們看不清楚事物完整的顯現，也看不清楚事物真實的本性。」

嗯，下回在看人事物時，可要記得摘下心中那隱形的有色眼鏡！

走到夜裡十點多，還在山道上奮戰，持續地爬升，體力消耗殆盡。更嚴重的是，我即使張大嘴，口鼻一起呼吸，仍感氧氣不足，每走幾步就必須停下來彎著腰喘氣。抬頭往上望，那盞休色寺的微弱燈光，隨著之型山路轉彎的角度時隱時現，卻是咫尺天涯。

前面四人不時停步等我，不斷幫我加油打氣，要我慢慢走沒關係，還要幫我揹背包，我帶著歉意回答：「我走那麼慢，害你們這麼晚還在半路，不好意思啊！」「不會不會，大家遇到就是朋友嘛！」

遇到就是朋友，這樣簡單的一句話，聽得我身心頓感溫暖，是因為修行讓他們的心比常人柔軟慈悲嗎？還是藏族的本色就是天生擁有一顆單純善良的心？比起來，現代都會人有的是一顆多麼又冷又硬的心啊！

　　當體力消耗到底線，意志力就是最堅強的後補。雖然到後來，舉步維艱，近乎虛脫，又頭疼胸悶胃反嘔（輕微高原反應），小腿也微微抽筋，但靠著毅力堅持，仍能和著〈六字大明咒〉的韻律，緩慢地往上爬。

　　在連續不斷的雷鳴閃電後，終於天空再也承載不了烏雲的重量，雨隨著風飄灑而下。

　　現在回想，風雨中的黑夜，我那副模樣一定很像「拖死屍」，可惜資質魯鈍，那個當下沒有參悟出禪宗話頭──「拖死屍的是誰？」「是誰在拖死屍？」

　　昨晚沒照明比有照明走得輕鬆，今日，陽光燦爛，鳥語花香，遠山近樹一清二楚，我卻走得比夜行狼狽顛簸，這又是何道理？

　　是因為走得太快太急嗎？腦海中閃現一個朋友傳給我分享的網路小故事。

　　有一支西方探險考察隊欲深入非洲腹地，雇用當地土著擔任嚮導和背伕，由於時間有限，不停趕路，前三天土著都很配合，吃苦耐勞，健步如飛，按考察

▋僅見於雪域高原的「藏雪雞」，屬於瀕危鳥類，自在地在岡日托噶聖地的寺院圍牆上啄食供品。

隊計畫順利前進。到了第四天早上，考察隊準備出發時，卻發現所有土著都不走了，到底發生了什麼事？找來土著嚮導詢問，原來依照他們的傳統，若連續趕路三天，第四天就必須停下來休息一天，以免

海拔4500公尺的岡日托噶聖地，位於休色寺後山。

「我們的靈魂跟不上我們的腳步」。

　　雖然我懷疑有哪個非洲土著族能說出這樣有智慧的話，但這句話的意涵的確引人省思，腳步走太快靈魂會跟不上，同樣地，一個人若太過於忙、盲、茫，心靈也會被遺忘在身後，無法合一。

　　山路就像人生路，還是一步一步慢慢走吧，四野風光明媚，油菜花開得正燦爛呢！

❶ 回台後轉告朋友這件事，她說那就當作那人是菩薩化身來幫助她完成心願的吧！

雅鲁藏布江畔的等候

在雅魯藏布江畔已經等候三個小時了，還是等不到回程的渡船。藏曆四月，前兩天在山南地區的敏珠林寺參加火供 ❶，敏珠林寺是寧瑪派在西藏最大的寺院，今天一早進行曬大佛儀式，天才濛濛亮，大唐卡已從祖拉康大殿屋頂垂下地面，唐卡正中是蓮花生大師（寧瑪派開山祖師），四角是釋迦牟尼佛、觀音菩薩、藥師佛及度母。

天未亮就開始誦經的三十多名喇嘛，從密殿移到唐卡前持續法會，鑼鼓喧騰。太陽逐漸升高，快七點半時，第一道陽光照到唐卡頂端，光亮在樂音中緩慢下移，直至整幅唐卡沐浴在晨光中，蓮花生大師栩栩如生。

觀賞完曬大佛，轉往雅魯藏布江渡船口搭船到北岸的多吉扎寺，此寺與敏珠林寺齊名，素有「南敏珠林北多吉扎」之稱，背山面江，與俗世隔絕，是潛心修行的好地方。

一位僧侶熱心地拿了鑰匙開門引導我參觀，並簡單解說，目前寺中有四十三名僧人，走到屋頂時，他說文革時古蹟壁畫全被毀，後山坡上還看得到遺址的斷垣殘壁。我轉身望著滔滔江水，感慨人的無知。僧侶又說，現在看去混濁的江水，之前是清澄湛藍的，我問：「為什麼？」「因為夏天到了。」我猜是山上溶化的雪水夾帶著泥沙的緣故吧！

參觀完，回到渡船口，渡河專用的六艘船全過來了，其中兩艘船屬於多吉

扎寺產，開船的是位僧人，告訴我現在休息，晚一點才會有船開回南岸，招呼我可以回寺院等，但寺院正在整建，漫天灰塵。我瞄了眼四周環境，渡船口有幾棵大樹，林蔭茂盛，沿江邊往另一方向有條小

位於雅魯藏布江北岸的多吉扎寺，背山面水，遠離俗世。

路，問清通往哪裡後，我謝過僧人，決定在樹蔭下等候。

　　先沿江邊小路往前，觀賞蓮花生大師的腳印和頭印聖跡後，回到渡船口，在樹下石堆坐下來，拿出大餅當中餐，邊看著札央宗修行溶洞的資料。來這兒的另一目的是想朝聖札央宗修行溶洞，資料記載該修行溶洞目前由多吉扎寺管理，本以為從這裡可以前往，剛問了僧侶才知道要從另一渡船口搭船，遠著呢！而且入山若沒嚮導還會迷路，看來這回無緣了。

　　讀到蓮花生大師於札央宗修行溶洞閉關時，一連三年，都吃類似糌粑的白土維生。我看看手中的大餅，連吃幾餐，正覺得有點食不下嚥，看到蓮花生大

師連吃三年白土，心生佩服。想起另一位西藏著名的大師密勒日巴，他是噶舉派的第二代祖師，被西藏信眾視為「即身成佛」的典範，並譽為「西藏密宗成就第一人」，在他於阿里地區隱居潛修的九年間，沒有食物，只能吃野蕁麻，吃到全身膚色泛綠，最後獲得大成就。

哎，這就是智慧、精進的修行者不同於我們凡人之處吧！我再咬下一口又乾又硬的大餅，味道好似變美味了一些。

午餐解決了，找塊平坦的大石躺下來休息，閉上眼，各種天籟紛紛入耳，風聲、水聲、樹葉沙沙聲，還有形形色色蟲鳴鳥叫，像催眠曲般，我沉沉入睡，沒有黃粱一夢，醒來依然是午後時空。拿出MP3聽了一會兒佛教音樂；又讀了一會兒藏語會話課本（這幾天翹課），眼前又有飛機低飛而過，是中午到現在的第五架，這兒離貢嘎機場很近，如此頻繁的班次顯示西藏旅遊之熱門。

起身散步，欣賞了一下天上白雲蒼狗幻化及江面光影煙波流轉，陽光火熱，趕緊再躲回樹蔭下。嗯，身處聖地，來禪坐吧！我在大石上單盤上座，將外套披在肩上，涼風習習，伴著大自然的天籟聲，不隨境轉，很快靜心。

不知坐了多久，張開眼，太陽斜了一些些，渡船口依然四下無人，我緩緩從頭到腳按摩一回。按摩到右膝蓋，這部位原本被西醫診斷為「十字韌帶受傷」，無法下彎及盤坐，但練了氣功又禪坐後，逐漸鬆軟，已大致恢復正常。

真想告訴世人，無關宗教信仰，每個人都應該學學禪坐，不僅能調心還能調身。禪坐是我隻身行走西藏的「錦囊寶典」，許多情況都可以祭出這道寶典。初抵拉薩有高原反應時禪坐，生病時禪坐，天寒地凍時禪坐，睡不著時禪坐……，不需導引，自然而然體內就會生起一股緩和舒暢的「真氣」，活絡每

一個細胞。

　　有人禪坐喜歡追求一些「特殊」的體驗，我雖然也曾經在禪坐時體驗到「一絲不掛」、「桶底脫落」等境界，當時個體感到極為喜樂，只想安住於那一刻不想離開，但受教於聖嚴師父，我轉念即認清那只是禪定過程中的一種幻相，不該執取，所以都能放下，繼續「老實打坐」。

敏珠林寺舉行曬大佛儀式，清晨第一道陽光正緩緩從上而下投射於蓮花生大師法像。

　　此時是6月天，雖在海拔三千多公尺高處，午後的樹蔭下溫度宜人，在這裡禪坐真是福氣。冬季時藏大宿舍的暖氣很弱，每回天未亮起床禪坐，都要克服從溫暖被窩進入冰冷空氣的掙扎。不過，只要想起我很欽佩的藏傳佛教女僧侶丹津‧葩默，就有了動力。她在喜瑪拉雅山雪洞閉關修行十二年，經常生病，有時發冷，有時發高燒；冬天連續大雪把雪洞整個掩埋；春天冬雪融化，雪洞淹水……，比起那樣困苦的經驗，其他任何環境都是禪坐的天堂。

　　再繼續等待，四點半時，終於有船要回對岸了，不同於來時大客滿，只有兩個乘客。船緩緩駛離岸邊，這條被藏族視為「搖籃」和「母親河」的雅魯藏布江，藏語意思是「高山流下的雪水」，全長二千九百公里，奔流於世界屋脊的南部，是西藏地區第一大河，中國第五大河（僅次於長江、黃河、黑龍江和珠江）。

　　山南地區這一帶的雅魯藏布江，是典型的高原寬谷風貌，江面開闊，水流緩慢，江邊堆積成一坡又一坡起伏的小沙丘，種植了一些延緩沙化的防護林。

　　船橫渡江面行駛了二十多分鐘，我坐在船頭，仰看天空俯看江面，四面八方東瞧西瞧，止不住心裡滿溢的喜悅。學生時代，在地理課本上讀到雅魯藏布江時，不敢夢想有朝一日能看到廬山真面目，更不敢奢望有生之年能搭船悠遊江面，而現在，我就在母親河的搖籃裡，彷彿化為一條魚，隨波浪輕輕擺動。

　　世事真是難以預料啊！這個世界還會如何變化呢？希望只會愈變愈美好！

---

❶ 火供係把各種供品撒進火中，燒為灰燼，是供養的一種儀式。供養對象有四類：（1）諸佛菩薩及本尊；（2）護法及高靈力的天神；（3）有情眾生；（4）鬼魂及餓鬼道。

心靈捕手

四

西藏是一個人和神共同居住的地方
無數的神話融進現實生活
交織成宗教色彩豐富的文化
諸多重大節慶無異就是宗教節日
在這最接近天堂的諸佛國度
我隨緣遊走於大大小小的節慶
專注地作一個心靈捕手
捕捉每一個剎那的心動

2005年11月23日是我的五十歲生日，正好也是藏曆九月二十二日「佛陀天降日」。據載，佛母摩耶夫人生下佛陀後往生於三十三天，佛陀爲感念母親恩典，於成道後，特地上昇忉利天三個月爲母親說法，並度化無數天神，說法完畢從天而降，返回人間的那一天，便稱爲「佛陀天降日」。

佛陀天降日和藏曆正月十五日佛陀神變日、四月十五日佛陀成道涅槃日、六月四日佛陀初轉法輪日，合稱爲「四聖日」，藏民會在這幾個大吉祥的殊勝日子，虔心供佛、供養僧衆、誦經、布施……，所行善業，功德億倍。

今年這個巧合，讓我覺得五十歲生日別具意義。

這幾年來學佛，釋迦牟尼佛對我而言不是一個偶像，不是一個「教主」，祂代表的是一種精神——慈悲、智慧、以利益衆生爲己任。在人生半百的歲數，因緣來到藏地生活，又和佛陀天降日同一天過生日，是冥冥中給我的啓示嗎？

難忘有個靈性導師對「生日」所下的定義：生日，不要輕忽，也不要視爲屬於個人的日子而大肆慶祝。生日，是我們選擇這一天帶著生命本意來到世上，能化生爲人，是因爲我們發願要來世上實現一些事業。因此，生日應該表達對生命的敬重與慶祝，慶祝自己還活著，還有時間去實現願心與理想。

從佛教觀點來看，「生日」算是一種無常的提示，在這一天，我們應該好好懺悔過去一年所作所爲，對未來發心更加精進修行，利益衆生。

一早接到文河從北京發來簡訊（兒子則以e-mail祝福），除了祝我生日快樂、天天快樂外，還寫著：「本想買禮物送妳，又想我們似乎什麼也不缺，所以最後想讓妳今天將一千元人民幣捐出去給需要幫助的人，當作我對妳生日的祝福……。」

哪裡還需要送我生日禮物呢？年中獨自前往川滇藏自助旅行兩個月，不就是送我的五十歲生日禮物嗎？五天前是我們結婚二十四週年紀念日，意外宿舍網路有問題，無法上skype連線，打電話又雜訊連連，聽不清楚，最後只能改發簡訊對話。沒有甜言蜜語，沒有鮮花音樂，只有真誠溫馨的關懷與祝福，但如實的文字中卻有一種幸福的情愫，隔著千里牽繫著彼此的心。

我的雙眼因為喜悅而發熱，相識三十多年彼此默契不錯，我才正在想，今天是佛陀天降日，前往大昭寺朝拜釋迦牟尼十二歲等身佛像及轉經

▌來自安多、康巴地區的藏民，服裝色彩突出，不同於拉薩地區端莊素雅的裝扮風。

的藏民一定特別多，相對地，乞丐也會增多，正是布施的好時機。

下午從學校步行出發，跑了幾家銀行才換到一元紙鈔，拉薩因為乞丐多，一般布施都給一角、兩角，今天就布施一元吧！

第一位遇到的是固定坐在人行道轉角處的瞎眼老人，幾乎每次走過都會看到他，一身破舊衣裳，左手持枴杖，右手手掌向上，默默伸向過往行人。今天他手中已有一些角鈔，我將一元鈔票放進他手中，他一握，臉上有輕微欣喜的表情，口中發出一些聲響，應該是感謝吧！儘管知道他看不見，我依然雙手合十向他一彎腰，說了聲：「扎西德勒！」

沿路，只要遇到乞丐給出一元紙鈔後，我都同樣合掌彎腰，一聲「扎西德勒」，當下心中觀想：我的布施只有少少一元，我的虔誠祝福卻如虛空無窮，我們今日有緣相遇，祈願你能早日離苦得樂！

到達大昭寺，這季節遊客不多，放眼望去都是藏民，來了不少安多、康巴地區的藏民，他們是拉薩城裡最美麗的流動風景，點綴了拉薩人端莊素雅的裝扮風，尤其女性頭上、胸前琳瑯滿目的裝飾，令人目不暇給。

欲進大昭寺時，被守門的查票員叫住，要我買門票七十元，雖辯稱我不是遊客，是來朝佛的，但是售票員堅持一定要買門票。算了，我轉身離開，站在正門外，隔著人潮朝拜釋迦牟尼佛，然後加入八廓街轉經的藏民行列。

轉經人潮不少，方向都是順時間，態度卻各不相同，有人一心虔誠，雙眼下垂，手中轉小瑪尼輪，口中誦「嗡嘛呢唄咪吽」；有人邊轉邊聊天，嘻嘻哈哈；有人腳步匆匆；有人慢條斯理。

我轉得很慢，放空身心，讓一波波人潮從我左右穿流而過，將我往前推

送，宛如身處輪迴長河的流轉中，似乎身不由己，但因為心中依止佛法，有佛在無形中前導，一切又顯得如此自然、祥和、寧謐。

當修一切善，南無本師釋迦牟尼佛！

這光景很像黃昏走進宿舍的感覺，站在二樓一端，望向窄窄的長廊，兩側是二十多間對望的單人房，沒有採光，照明是感應式的，踩踏地板或按下牆上按鈕，燈光才會亮起。傍晚時分，我喜歡輕手輕腳走進昏暗裡，讓身軀被黑暗包圍，眼神望向長廊盡頭消防門透入的一點光亮，那道光就像佛法，引導生命中的無明走向解脫之道。

一圈、二圈、三圈，轉經轉了三圈後，我走進位於八廓街的新華書店，以往門可羅雀，今天人不少，大多是僧侶，我買了三本書送自己作生日禮物。排隊結帳時，前面一位喇嘛看到我手中那本《佛理精華緣起理贊》，指著書對我一笑：「有智慧的書！」我也笑了笑。

自皈依法，當願眾生，深入經藏，智慧如海。

回程途中，手機響起，是在自助旅行網站「背包客棧」上認識的台灣網友Steven，前天抵拉薩，住在自助旅行者最愛的「八朗學旅館」，想請教我一些問題。

見面時，他介紹一位在旅館認識的台灣人嘉志，嘉志母親也是佛教徒，三人聊了一下很投緣。當他們知道今天是我的生日後，堅持請我吃晚餐，我以吃

素婉拒，沒想到他們欣然表示：「我們和妳一起吃素啊，正吃膩了葷食呢！」

飯後，他們先回旅館取空白光碟，再來找我借用電腦把相機檔案燒進光碟。約一小時後，他

象徵佛陀悟道後於鹿野苑初轉法輪的金銅塑像，置放於大昭寺金頂。

們出現在我面前，意外地，還帶來一個他們找了一陣才買到的生日蛋糕。

當這兩個只比我兒子大幾歲的大男孩，點燃象徵性蠟燭，認真地對著我唱「生日快樂」歌為我祝福時，我體會到緣起和合的美妙，閉上眼，領受他們的友誼，同時也在心中祝福世間每一個人生日快樂 —— 有「生」之「日」都快樂！

西藏諺語：「人的壽命像貓打呵欠一樣短」，有生之日的每一天都要好好地珍惜啊！

拉薩河畔的牛郎織女

黃昏時，我擠在如洪水般的藏民潮流中進入大昭寺，沿著以繩索圍成的臨時走道，腳跟來不及著地，就身似一片落葉，被人潮往前推送。「班丹拉姆」女護法神像已從內殿移到天井中，陽光斜斜射入，我的視線越過萬頭攢動的藏民間隙，勉強看到青蛙臉呈忿怒相的女護法神像，才想看仔細點，已被身後人潮往前推送，兩旁維持秩序的大昭寺喇嘛也不斷用藏語要大家往前走不要停，四周藏民此起彼落往神像面前丟哈達和供養金，我也趕緊丟出我的……。

今天是藏曆十月十五日，拉薩地區的「吉祥天女節」，吉祥天女藏語叫「班丹拉姆」，是密乘中妙音天母化現忿怒形像的一尊女護法神。藏地民間傳說，她本是一位美麗聖潔的仙女，與神子曾宗巴違背神規天條相愛，班丹拉姆的母親便用咒語使班丹拉姆變得醜陋無比，她只好常年以布遮臉，並被罰留在吉曲河（今拉薩河）北岸，神子曾宗巴則被迫留在南岸的赤布為神，一條大河阻斷兩人見面，每年只有藏曆十月十五日這天，被允許隔河相望片刻。

也有另一說法，松贊干布修建大昭寺時，請「班丹拉姆」作大昭寺護法坐鎮。她示現的法相是倒豎的火紅頭髮，三目怒睜，表情凶悍，手持頭蓋骨裝鮮血，屍體掛在坐騎上。大昭寺另一小神殿內，還有班丹拉姆不同的兩尊示現，一尊美麗端莊、一尊醜陋可怕，平時都用布覆蓋。但在藏族傳說中，三者卻演變成母女關係，長相醜陋的那尊很多情，與護寶將軍赤尊贊（大昭寺釋迦牟尼

佛像的守護神）相愛，被班丹拉姆知道後，大爲忿怒，把赤尊贊趕到拉薩河南岸，兩人一年只能相會一次。

位於北京東路的木如寺，也有一尊名爲「白東姆」的班丹拉姆。據說以前每到這一天，大昭寺和木如寺都會舉行隆重年祭，將班丹拉姆覆蓋一整年的面紗掀開，由僧人揹著繞八廓街一圈，再迎請到吉曲河北岸邊；而赤布僧眾也會將曾宗巴神像迎請到吉曲河南岸邊，讓兩

█ 「班丹拉姆」是密乘妙音天母化現忿怒形像的女護法神，於壁畫和唐卡中處處可見。

尊神像隔河遙遙相望，互訴衷曲。當要回各自的寺廟時，還要三步一回頭，表示難捨難分。

這個故事和漢地的牛郎織女傳說有幾分相似，一個在河東、一個在河西，隔著銀河遙遙對望，只有一年一度的七夕能登上鵲橋相會。但比較起來，藏地牛郎織女的故事卻更令人神傷，每年見一次面，還是隔著寬闊的拉薩河。

神仙聖靈何等高高在上，只有透過民間類似的傳說，才能拉近凡人與神仙的距離。問世間情是何物，直教人生死相許？「愛別離」不就是八苦中的一苦嗎？情關最難度過，古今皆然。

拉薩婦女非常敬愛吉祥天女，認為是吉祥天女保佑拉薩女性擁有美麗、溫柔及幸福。以往在這一天，拉薩的女性都會盛裝，戴上首飾，手持藏香，口唱頌歌，跟在揹著吉祥天女塑像的僧人背後繞八廓街一圈。

如今這項繞街習俗已被取消，但終年覆蓋面紗的「班丹拉姆」女護法神像，依然會由大昭寺僧人掀開面紗，從光線昏暗的內殿迎請到陽光明亮的天井，讓民眾朝拜。

而這個名為「吉祥天女節」的日子，除了被藏民親切地稱為「仙女節」外，也演變成拉薩的「婦女節」，全拉薩的婦女在今天受到最大的敬重。

或許是因為這節日的「人性化」，看來比「佛陀天降日」還受到藏民歡迎與重視。早上一上課，老師就提醒我們由早到晚注意看拉薩城裡城外的天空，平日清朗深邃的藍天，會變得稍帶灰濛，那是因為到處都有藏民在「煨桑」❶，慶祝仙女節。

沿著八廓街所有的煨桑台，一整天桑煙不斷，大昭寺前廣場還停放好幾輛

消防車待命，以防天乾物燥，不慎失火。在八廓街轉經時，人潮洶湧，接近有煨桑的地方時，一片煙霧迷濛，好像走入了仙境！

我在升騰的煙霧中，從藏漢兩地牛郎織女的傳說想到自己和文河，我們也算是現代的牛郎織女吧！這十年來，隨著文河的大陸事業逐漸擴展，我們見面的間隔也跟著拉長，有時兩個月才見面一次。拜現代網路科技之賜，e-mail和skype成為我們溝通、維繫感情的工具。

從戀愛到走入婚姻，我也曾迷惑過，年輕時，我和大多數人對愛的定義一樣，以為兩人相愛就是要朝朝暮暮膩在一起，我眼中只有你，你眼中只有我，這樣的愛姑且稱為「一加一等於一」。在熱戀時期，你濃我濃，還不太會出問題，但過不了多久，因為期望太多無法滿足，漸漸出現失望、嫉妒、埋怨……，「相愛」成為彼此的負擔，雖然詩人名之為「甜蜜的負擔」，我卻開始反省，真正的愛怎麼會是負擔呢？當愛變成負擔，甚至變成痛苦，應該是彼此的愛已變質或是愛的方式不對吧？

也是在經由無數嘗試及學習後，我才明白真正的愛，不是佔有，不是束縛。我深愛我的伴侶，可是他並不屬於我，我們彼此都是獨立的個體，只有給對方空間，愛才不會窒息。

這幾年學佛，更從佛陀「無緣大慈，同體大悲」的大愛中，體會到我們凡人的愛就像綑綁著我們身心的一根繩索，想要自在地愛，自由地生活，就必須放鬆綑綁。無論是身處海峽兩岸還是北京、拉薩，我們的愛並沒有因為相隔數千里中斷，而是放下擔心害怕、放下佔有欲，純粹發自內心、希望對方快樂的去付出。

聽說豪豬在寒冬時，會互相緊挨著取暖，但若是太靠近，身上硬而尖的毛會刺痛彼此不得不分開；分開後因為寒冷又再靠近，靠近後因為疼痛又再度分開，這樣反覆無數次，才能找到依偎的最佳距離——在最輕微的疼痛下享受最大的溫暖。

兩性之間的關係，或許也該學學豪豬，找出彼此之

▌ 經由煨桑祭祀，可連接天、地、人，祈求神佛護佑。

間「親密和放鬆」的最佳距離，就能盡情享受愛情的甜蜜。

---

❶ 煨桑，指焚燒松柏樹枝，以裊裊煙柱直達雲霄，連接天、地、人，祈求神佛護佑，是藏人祭祀習俗中重要且具特色的部分。

今天是藏曆十月二十五日「甘丹安曲」，俗稱燃燈節，是格魯派創始人宗喀巴大師圓寂的日子。據說昔年他於拉薩市郊甘丹寺圓寂時，他的兩大弟子正好在後藏日喀則，聽到上師圓寂消息後，朝拉薩方向點上酥油燈表示哀悼和祭奠。後來演變成每年這一天晚上，不分教派，各寺廟的僧侶及百姓都會在屋簷和窗台點上酥油燈，除了紀念一代宗師宗喀巴，頌揚佛法，也有祈求來年平安的用意。

這是個屬於全民的日子，被譽為「佛陀第二」的宗喀巴，總是以頭戴黃色尖頂僧帽、微笑結跏趺坐的形像出現。他在藏民心目中有著相當特殊的地位，這特殊地位的取得，不僅因為他創立了西藏最大教派格魯派，更重要的是，他針對當時頹廢萎靡的西藏佛教推行改革，賦予藏地佛教新面貌。

宗喀巴大師以身作則，嚴守戒律，大力修復寺廟，創辦講經法會。十五世紀初，在拉薩大昭寺舉行了不分教派的萬人大祈禱法會（傳昭大法會的前身），並創建了格魯派第一座寺院甘丹寺，格魯派正式誕生。

1419年，藏曆十月二十五日，時年六十二歲的宗喀巴大師在自己親建的道場甘丹寺圓寂。之後，他所創建的格魯派擴展如日中天，僧人眾多，寺院遍布全藏區，尤其在形成達賴及班禪兩大活佛轉世系統後，政教合一，格魯派獨領風騷。

早年，燃燈節這天，除了在屋簷和窗台準備酥油供燈外，大昭寺也會用五

仔細一看，家家戶戶屋頂排滿一長列酥油燈，等待天黑後點燃，於夜色中閃爍傳送平安。

彩酥油捏塑成各種花卉、神佛人物、飛禽走獸等酥油花，供民眾觀賞。夜幕降臨後，酥油燈和花燈一起點燃，宛如群星掉落人間，可惜目前已取消酥油花的製作。

天黑前我前往大昭寺繞了一圈，八廓街及附近巷道的攤販早已收攤，消防車、警車在廣場上嚴陣待命，到處都是維持秩序的公安人員，轉經人潮川流不息，一眼望去，所有看得到的窗台、屋簷都擺放了酥油燈台，看來比之前的佛陀天降日及吉祥天女節還要熱鬧。

好戲還未上場，先應邀前往藏族朋友家吃「琶兔」，這是紀念宗喀巴大師必吃的一種湯麵，先以犛牛肉、蘿蔔絲、奶渣、人蔘果等熬煮成湯底，再放入捏成小圓糰的麵疙瘩，風味特別。我第一次吃到青藏高原的特產人蔘果，口感香醇！

餐後，幕色漸濃，和朋友迎著晚風，小心翼翼地點燃陽台上的六十盞酥油燈，然後興沖沖地邀朋友一道前往大昭寺廣場看燃燈，朋友卻意興闌珊，他們姊弟倆寧可在家安靜誦經。告辭時，他們再三叮嚀我：背包移到胸前，貴重東西貼身收好，別走小巷，別太晚回學校，回校時一定要搭車別走路，以防被偷被搶。

偷和搶？我睜大眼睛，不相信這檔事會在西藏發生，但朋友說，今晚外地來的人特別多，有些人實在太窮了，難保不鋌而走險。

還沒走到大昭寺，遠遠就看到大昭寺四周明亮如晝，火光衝天，所有的酥油燈全點亮了，璀璨的供燈交織成或長或短蜿蜒的燈帶，廣場上人山人海，人一進入，根本無法自主，只能隨順人潮移動。寺前香爐桑煙繚繞，在熙熙攘攘的人群中，最多的是遠道而來、冬閒中的農牧民，身上散發著牛羊騷味及酥油

味，康巴人個頭高大壯實，擋住了我這矮個兒的視線。

　　我只得奮勇強行擠過群眾，來到大昭寺前面供奉長明燈的小屋旁，背倚小屋外牆，不再被人潮擠來擠去，視野也清楚些。左右藏民皆合十垂首念念有詞，我也隨著合十，虔誠念誦我每日的祈請詞：「祈願十方諸佛菩薩為大導師，加持護念，令我等離諸惡趣，皈依佛、法、僧，發無上菩提心，願一切眾生都能自痛苦、無明中解脫出來，永遠和諧，永遠安詳，永遠快樂。」

　　抬頭一看，大昭寺金頂上有好多喇嘛，有的誦經有的吹長號，是對宗喀巴大師的頌讚和祈福吧！伴隨著規律的法器鳴奏聲，帶領人們彷彿到了另一境界中。還有一些喇嘛持香沿著屋頂四周來回巡視，隨時重新點燃被夜風吹熄的酥油燈。

　　廣場上因為人多，摩肩擦踵，身體尚覺暖和，喇嘛們站在一無遮掩的金頂，寒風吹拂，衣擺飄動，冷冽可想而知。不過他們從上往下俯瞰，看到我們這些萬頭攢動、熙攘渺小的人群，對「眾生無邊誓願度」的願心應該更有另一番體會吧！

　　廣場前不斷有人將成疊刻印著經文的五彩風馬片往空中拋撒，藏民稱這為「放風馬」，小紙片隨著夜風混合著桑煙扶搖而上，升騰到高空，在法螺低沉聲中，我抬頭仰望夜空，很奇異的感覺，諸佛菩薩、龍天護法就在那裡眷顧著每一個人……。

　　這喧鬧的夜晚，和昨晚色拉寺的景況全然不同，昨天是色拉寺昔日住持降青曲結圓寂的日子，色拉寺從昨晚就燃燈延續到今日。我和同學Elka和阿姜拉三人搭出租車前往，四川籍師傅覺得我們很奇怪，這麼冷的夜晚不縮在棉被

裡，要去遠在拉薩北郊山腳的色拉寺作什麼？我回答去看燃燈，他又問燃燈有什麼好看？我想他是不會懂的，不再答腔。

魚兒不會明白雲霧裡的天空，鳥兒也不會清楚水裡的世界。

色拉寺遠在郊區，前往的藏民零零落落，大殿及各僧房窗台都點

▌大昭寺前廣場，印有經文的五彩風馬片隨著夜風混合桑煙扶搖升騰。

了多寡不一的酥油燈，被夜風吹得一閃一閃跳躍著。由於四周空曠，夜幕低垂，相對就顯得稀落寂寥，遠望過去，不似人間，倒似夜空中的點點星辰，又恍若一盞盞精靈的小燈在黑夜中飄蕩。

聆聽著從色拉寺各僧房深處隱隱傳來的誦經聲，看到大殿前的廣場上幾個藏民磕著等身長頭，夜色中流動著一股讓心平靜的安撫力量。我們三人都很喜歡那寧謐安詳的氛圍，靜靜地站在冷冽的黑夜中，享受著。

像這般熱鬧和寂寥的外境，在我們生命中也是一再反覆出現，認清都是因緣和合的產物，兩者都不該執取。那就無論是熱鬧的日子或寂寥的日子，都能自在面對，歡喜過每一天。

2006年2月25日，藏曆十二月二十七日，是拉薩三大寺之一色拉寺每年一度的「普結節」，又稱「朝觀橛子節」。這金剛橛❶的由來，據說是薩迦派班智達與外道措杰巴辯論佛法，外道辯輸，騰空欲逃，班智達教友竹桃達傑以橛子釘住外道投在地面的身影，外道墜地投降，從此，這橛子名揚西藏。後來這橛子傳到滾青巴羅卓仁手裡，他在修建色拉寺時，置於寺內作爲鎮寺之寶。

但我認識的一位色拉寺喇嘛說，這金剛橛和薩迦班智達無關，而是當年蓮花生大師要離開西藏時自腰間解下留下的，後來成爲色拉寺鎮寺之寶。早期西藏政府將其收置木匣內，蓋印封存於寺內馬頭明王神像前，每年藏曆十二月二十七日，由達賴喇嘛親手開封，讓僧俗二眾排隊朝觀，頂禮膜拜。

學校放寒假後，我先回台灣過中國年，然後和先生回北京，前一天才從北京搭機趕回拉薩。離開西藏一個多月，不知是否因爲細胞還有高原記憶，昨晚睡得很好，完全沒有高原反應。

早上九點出發，在離色拉寺好幾條大街外就實施交通管制，沒通行證的車不准進入。下車跟著排隊，一問，前後藏民幾乎每年都來，他們告訴我每年都是從早到晚整天人潮不斷。昨晚和一位藏族朋友聯絡，他說因爲今天要上班，先夜宿寺裡，清晨四點法會就開始了。哎，早知道人這麼多，應該和朋友去住寺裡的。

　　隊伍前進如蝸牛，想不通爲什麼會這麼慢？直到有人要擠進我前面，我才恍然大悟，原來是前面不斷有人插隊，一開始，我堅持不給插隊，還義正言辭告訴對方：請按照順序排隊。後來發現這個文明法則，在藏地一點也不管用。

　　藏民普遍心地善良，面對插隊者，慈悲心腸使得他們立場不堅定，也可以說沒有什麼原則，因爲他們的原則是「同情弱者」及「敬老尊賢」，只要插隊的人是出家僧侶、扶老攜幼者、遠道而來風塵僕僕者和認識的人，一律都「禮讓」。有時是身強體壯的年輕人要插隊，後面的人也只是集體發出尾音拖長的「哦──」或「乀──」表示抗議，但也不堅持，更不會生氣。最後我只好入鄉隨俗，既來之則安之。

　　就這樣，排到十二點，才前進兩個路口，我開始焦急上廁所怎麼辦？我再怎麼入鄉隨俗，也不可能學藏民跑到路旁屋後就地方便啊！幸好再往前，出現公廁標誌，我和前後藏民打聲招呼，趕緊前往，然後繼續安之若素的等待。

　　午餐時間，前後藏民提醒我可以離隊去吃中餐，他們會幫我看位置，我笑笑搖頭，拿出背包裡的大餅和水壺，其實不太餓，只是很渴，但因擔心如廁問題不敢喝水，只能每隔一會兒舔一小口潤喉。

　　環顧四周，本來有許多公安維持秩序（監督？），但隨著太陽爬升，天氣悶熱，全都站到路旁蔭涼處聊天去了，因此現場秩序一團混亂。後來來了一群便衣公安，胸前標識牌寫著「拉薩市公安局執勤組」，每隔十多公尺站一人，手執木棍維持秩序。這些人都是二十來歲的內地人，不懂藏語，有些晚到的藏民照常插隊，同時口中嘰哩呱啦說著藏話，在執勤組還搞不清楚狀況時，藏民就已插進隊伍中。少數執勤人員會硬把插隊的藏民拖出隊伍，但前後藏民會用

來自各地的藏民，排隊等待進入色拉寺接受橛子摩頂。

普通話說他們是一起的，剛去買東西或上廁所等等，結果還是給插隊了。直到接近色拉寺時，由僧侶持木棒維持秩序，隊伍才趨整齊。

看到手持木棒維持秩序的僧侶，讓我想起赫赫有名的「鐵棒喇嘛」，以往拉薩三大寺各有鐵棒喇嘛，其中以哲蚌寺的鐵棒喇嘛最威風最權威，不僅執掌哲蚌寺和莊園百姓的管理大權，每年藏曆正月舉辦傳昭大法會期間，拉薩的市政大

權也交由他們掌管。他們威風凜凜，神氣十足，手握鏤花大鐵棒，在寺院中或拉薩街頭抬頭挺胸巡視，每走一步，鐵棒往地上一砸，震天價響，僧侶和百姓無不敬畏三分。

進入色拉寺已是下午六點多，隨著前面藏民依序通過「馬頭明王大殿」❷，接受寶座上堪布住持以金剛橛摩頂賜福，為時大約一秒。正想抬頭仔細看橛子，就被維持秩序的喇嘛嚷著「沛秀」（走的意思）往前推，只從眼角瞄到橛子用布層層包覆著，兩頭粗細不同。

黃昏近七點，我走出色拉寺，外頭排隊的人潮依然看不到盡頭。走到公車站，上了小巴，這是自早上九點以來首次坐下來，伸直腿，這才感覺到兩腳肌肉酸麻，我拿出水壺，咕嚕咕嚕喝個痛快，入喉的彷彿是瓊漿玉液。

事後，將這個經歷e-mail給朋友分享，朋友好奇我在排隊等待的九個多小時中，如何打發時間？

除了拍照和偶爾與前後的藏民講講話，其餘時間我都持

▌手持木棒維持排隊秩序的色拉寺僧人。

念珠誦咒（很多藏民也是如此），當自己在打坐，只是姿勢改為站立，讓心保持在一種安穩的狀態中，不煩躁，安住於當下，雙眼微閉，四周吵雜聲一清二楚，人影來來去去，正如海水潮起潮落，心不隨境轉，方寸之間，也是一片祥和寧靜。

　　朋友又問：「給橛子敲下頭有那麼重要嗎？值得花費一整天的時間？」對單純的藏民而言，他們相信這能帶來一整年的平安，所以值得用一整天的時間去等待。人單純是多麼的幸福啊！單純，就容易滿足，就不會怨聲載道，不會怨天尤人；單純，雖然自己只擁有一丁點，也充滿感恩，也願與人分享。

　　對我而言呢，橛子摩頂只是一個段落標的，重點在於過程。我對自己做了一個承諾──今天我要到色拉寺接受橛子摩頂，在漫漫等待中，是一種對承諾的實踐，也是一種對自我毅力的堅持，更是一種對心的考驗。

---

❶ 金剛橛係一種法器，一般由青銅塑成。

❷ 相傳十五世紀時，格魯派宗喀巴大師和弟子於色拉寺後山山洞修行，有一天散步到今日色拉寺位置，聽到馬鳴聲自樹底下傳出，弟子往下挖出一尊馬頭的金剛佛像，於是修建寺廟供奉，馬頭明王便成為色拉寺鎮寺之寶。

我的第一個藏曆新年

和童年期待過新年一樣，我一到拉薩，便開始等待我的第一個藏曆新年。雖然藏族朋友說，以前過年熱鬧好玩，如今，被有關單位取消這個、限制那個，尤其是以前大昭寺從正月初三至二十五日會舉辦結合慶典的「傳昭大法會」，盛況空前，被取消後，年味盡失。不過，對我而言，總是第一次，還是充滿期待。

2006年2月27日是藏曆的十二月二十九日，相當於中國年的「小年夜」，這夜的重頭戲是吃「古突」及「驅邪趕鬼」。

阿媽喇（藏語對「媽媽」的尊稱）是好友之前來西藏時認的乾媽，雖然只比我大十歲，但我也是喊她阿媽喇，她很照顧我，我到藏大學習後，時常到她家走動，和她們一家人很熟。阿媽喇家經濟小康，先生已不在，她從西藏外事部退休後，因為大兒子洛滇在賽馬場工作，全家便住在賽馬場宿舍，二兒子洛扎在拉薩電視台工作。三十多歲的洛滇去年底才娶媳婦，一家人知識水平很高，普通話也說得很好，更難能可貴的是，兄友弟恭，母慈子孝，一家人和樂融融。

五點多應邀前往阿媽喇家，一個寒假未見，彼此高興得用藏語大聲招呼緊緊擁抱。我獻上哈達、台灣特產和我跟好友共同準備的紅包，阿媽喇不肯收紅包，我趕緊搬出鬼靈精好友教我的說詞：「一定要收，這是內地習俗的壓歲

作者與阿媽喇（左）合影。

錢，壓歲壓歲就是把不好的都壓住，新的一年才能吉祥如意、健康快樂。」阿媽喇聽了，這才笑呵呵地收下。

走進客廳，靠著牆壁的L型藏櫃上擺滿豐盛的供品，看得我眼花撩亂，阿媽喇交代洛扎為我說明後，便到廚房忙去了。

洛扎告訴我藏族新年是以固有的曆法推演，今年藏曆十二月沒有三十日，所以除夕夜和「驅邪趕鬼」的二十九日合著過。回想我第一次看到西藏月曆，發現各月日期有缺有重複，每個月都不同，覺得很奇怪，後來才知道，藏曆講究吉凶日，吉日可以重複，例如初二是吉日，便連續過兩個初二；相反地，凶日可以跳過，例如初八是凶日，便取消，初七過了就是初九。這樣就日日是吉祥日了。

各種擺設中，我最好奇的是用酥油雕塑的彩色羊頭，前一天走過舊城區的傳統市場「沖賽康」，就看到販賣不同塑材做的羊頭，今年是藏曆火狗年，為

什麼不是狗頭呢？經洛扎解釋，才知道原來年年都擺羊頭，因為「羊」和「年」的藏語發音相似，「羊頭」象徵「年頭」，周圍撒上浸泡過的青稞種子，長成青翠幼苗，前面再供上人蔘果、青稞酒和米飯，象徵新的一年欣欣向榮、豐收吉祥。

各種供品中，最多的是以犛牛酥油炸成的「卡賽」，有耳朵狀、長方形、勺形、大麻花狀等，五花八門，再搭配磚茶、水果、糖果及各種蜜餞乾料，作為供品。

新年前夕，家家戶戶必備一個叫「切瑪」的五穀斗，阿媽喇家也不例外。用木料製成的「切瑪」，外面雕刻有各種花紋圖案，裡面中空，一半放糌粑，一半放炒熟的麥粒，上面再插滿塗了不同顏色的青稞穗、小麥穗和「惹莎梅朵」（藏語「新年花」的意思），並點綴著色彩鮮豔的酥油花，象徵來年風調雨順、五穀豐收。

六點多，大家一起捏「古突」（藏式麵疙瘩），基本形狀是捏成小圓球，其中有數個包入

▌形狀各異的「古突」，象徵不同的意義。

辣椒、鹽、糖、木炭、人蔘果等，代表不同的性格。另外還捏成月亮、太陽、元寶、卡墊、經書、三寶、佛塔、尖銳多角等形狀，各有不同的象徵意義，有的是吉祥、祝福，有的是告誡、提醒，好壞都有。

我問：「為什麼不全做象徵好的，皆大歡喜？大年夜吃到象徵不好的，多難過啊！」他們異口同聲說不行，人本來就有好有壞，何況吃到壞的也沒關係，趕鬼時一起送走就沒事了，過年好玩嘛，增加歡樂氣氛。

煮「古突」時，先進行「驅邪」，阿媽喇給我一塊糌粑，要我學他們握在手裡，從頭到腳敲打身上每一部位，邊敲邊念：「帶走邪氣，帶走邪氣，把所有不好的魔鬼、戰爭、病痛、苦難……，一個不留的全部帶走。」移到腳部時要順便從褲管或衣擺抽一根絲線，黏在糌粑上，再吐一口口水，代表這糌粑是自己的「替身」，然後和同樣以糌粑做成的男女惡魔放在一起，以便趕鬼儀式時一併送走。

藏式年夜飯很簡單，就是煮一大鍋「古突」，比中國人的大魚大肉環保多了，數一數，鍋中共放進九（藏語的「九」

▓ 藏式木櫃擺滿豐盛的供品，以酥油炸成的「卡賽」居多。

發音為「古」）種佐料，麵疙瘩、人蔘果、米飯、蔥、香料、鹽、奶渣、牛肉、蘿蔔，香味撲鼻。

我吃了兩碗，共吃到三種特殊形狀的麵疙瘩。第一個是月亮，表示心地像月亮一樣聖潔明亮，正在高興，沒想到立刻吃到一個最不想要的尖銳多角型，代表心地奸詐，我誇張地歎一大口氣，大家笑著安慰我：「沒關係，不要吃下去，等一下送走就沒事了。」不一會又吃到一個「貢覺孫」（藏語「三寶」意思），所有人忍不住大笑！因為我的藏文名字叫「貢覺拉姆」（意思珍寶仙女），阿媽喇更是樂得直拍手：「貢覺拉姆吃到貢覺孫，真巧，真巧！」

▓ 羊頭象徵「年頭」，圍以青翠的青稞苗，再供上青稞酒、米飯和人蔘果，象徵來年欣欣向榮，豐收吉祥。

每個人碗裡的古突不能吃光，要留下一些，連帶壞象徵的古突一起放入惡魔碗內。接著就是「驅邪趕鬼」儀式，洛滇拿著火把，熏遍家中每一角落，阿媽喇手持掃把和畚箕一路跟在後頭裝模作樣地掃著，待洛滇走出大門，阿媽喇把畚箕向外一倒並連吐三口口水，然後把大門一關，表示不好的都被趕出門外了。同時，洛扎和洛滇太太一人拿鞭炮，一人捧著惡魔替身的塑像，隨著火

把走到屋外空曠處，和鄰居們一起放鞭炮，燒掉所有不好的象徵。

之前做麵疙瘩時，就被告知吃到尖銳多角型的人要被罰喝青稞酒，阿媽喇在趕鬼儀式後，幫我倒滿一大杯，看到那矮胖的大肚酒杯，我笑著求饒：「阿媽喇，這麼大杯，我古突吃太飽了，喝不下哪！」阿媽喇回答：「沒問題，慢慢喝。」她教我先以無名指觸酒往外彈三次，代表敬天敬地敬祖先，然後笑盈盈地說「喝三口」。

我還以為哀兵政策有效，被通融只要喝三口就過關，心想人家為我設想，我若喝太小口不夠意思，便喝了三大口，才想放下酒杯，誰知阿媽喇立刻將酒杯斟滿，又是笑盈盈地說「再喝三口」，我這才猛然想起，藏族敬賓客青稞酒有個「三口一杯」的習慣，也就是先連喝三回三小口，然後再整杯一飲而盡。

天啊！那我剛剛那三大口不是多喝了？第二回第三回我學乖了，只喝三小口，最後阿媽喇將酒杯斟滿，要我乾杯，真是可憐了肚子，快漲破囉！

飯後邊看新年特別節目邊聊天，直到午夜才分別就寢。清晨四點多，阿媽喇起床煮「褪顛」，是一種在青稞酒中加入人蔘果、奶渣一起煮的麵羹，煮好後先供佛，然後叫醒全家人，每人至少要吃兩碗，我才剛略微消化的肚子再度飽漲。

整夜遠近都有人放煙火和鞭炮，從五點開始，電話連連響起，是阿媽喇的親戚打來拜年的，阿媽喇也打出不少通，我們其他人則都矇頭照睡。

八點多天亮，阿媽喇又忙著煮大年初一必吃的「吉祥飯」，是一種用人蔘果、酥油和糖做成的米飯，配著喝酥油茶。早餐後，阿媽喇的兒子和媳婦穿戴盛裝，捧著「切瑪」，提著青稞酒，到鄰居家拜年，通常是在鄰居家門外高聲

祝福，屋裡的人聽到，也捧著「切瑪」出來，互相祝福如「扎西德勒澎松措！」（祝吉祥如意美滿）之類的話語，同時各從對方的「切瑪」，抓點糌粑、麥粒，朝空中象徵性拋三次，再放進口中

▌阿媽喇的兒子和媳婦穿戴盛裝，捧著「切瑪」，提著青稞酒，準備到鄰居家拜年。

咀嚼，接著互敬青稞酒。

　　之後，阿媽喇一家人要到親戚家串門子，我便告辭前往市區寺院。

　　大年初一，拉薩的每一位藏民幾乎都會抽空前往大、小昭寺拜佛，祈願新的一年吉祥平安。我先來到小昭寺，隨藏民排隊進入寺中拜佛。接著到大昭寺，吃驚發現排隊的人群比小昭寺多了幾百倍，從寺內排到寺外，再繞著八廓街一大圈，我決定不急著此刻進寺，只在大昭寺正門前，合十憶想寺內諸佛，為眾生祈禱，尤其是為台灣的同胞們！

釋迦牟尼佛十二歲等身金像（藏地稱「覺沃佛」）褪去身上所有服飾及金銀珍寶，負責為佛像刷金的大昭寺僧侶，手持金液，一層一層緩慢而莊重地刷著……。

2006年3月2日，藏曆正月初三午後兩點，一個因緣，我隨著四川來的信眾功德主，進入大昭寺觀禮「覺沃佛刷金」，觀禮者僧俗藏漢夾雜，大家在刷金過程中，圍坐在覺沃佛殿前，手持藏漢對照的課誦本誦經。我不屬於團體成員，獨自坐在角落，默誦〈六字大明咒〉，繼而一想，〈六字大明咒〉是觀音心咒，好像文不對題，改誦「南無本師釋迦牟尼佛」。

我的位置斜對著覺沃佛，在無比莊嚴的氛圍中，我定定看進祂的眼。六年前在青海塔爾寺，初識藏傳佛教的諸佛菩薩，地陪盡職地介紹佛陀從王子身分出離、尋道、開悟、說法到涅槃的過程，團員中有好幾位虔誠叩首，我卻只是凝視著佛陀慈悲的容顏，是祂看進我的靈魂深處，引我心動想要親近祂，想要學佛陀擁有一顆慈悲、自在的心。

讀佛經〈普門品〉，讀到「慈眼視眾生」，心靈為之震撼！外面境界是我們內心的一種延伸，在我們眼前會出現討厭的人、仇恨的人，原來都是因為我們自己用討厭、仇恨的眼光去看待對方造成的。

有一回參加藏傳佛教「八關齋戒」法會，由貢噶旺秋仁波切主持，八十四

歲高齡的仁波切，曾遭受二十一年牢獄之災，身心受到嚴重傷害。但在他的心中沒有絲毫恨意，被釋放後，他經歷千辛萬苦前往印度，協助他的轉世上師宗薩欽哲仁波切重建宗薩佛學院。當貢噶旺秋仁波切被問到在二十一年牢獄中，是否曾經害怕時，他回答，他最害怕的不是皮肉之痛、不是死亡，而是害怕會對施暴於他的人失去憐憫之心，他還感謝對方讓他有機會培養對施暴者無比的慈悲心。

░ 大昭寺金頂在連綿雪山的捍衛下，更顯熠熠生輝。

　　法會開始時，身體孱弱的仁波切被弟子攙扶著登上法座，我望入他的眼，看不到一絲忿恨或愁苦，只看見他的眼神滿溢慈悲的光采。

　　許多和達賴喇嘛會面過的人都說，達賴喇嘛擁有神奇的魔力，不管你的身分是什麼，無論你是總統還是清潔工，只要他握住你的手，望著你的眼睛對你說話，那一刻，就能讓你真實感受到，你是他生命中最重要的人，他是那樣真誠、無條件地愛你。

　　原來，他們所展現的都是慈悲心的最高體現啊！無私一如太陽照遍大地，沒有分別。

　　現在，我望著覺沃佛的眼，感受到的也是無盡的慈悲，那雙眼垂視、冥思靜穆的神情，似乎在悲憫眾生執著虛妄塵世的歡樂為永恆，以致陷入輪迴之苦。

　　刷金告一段落後，僧侶招呼大家準備進殿瞻仰，因為殿口很窄，少數幾個人你推我擠，想早點進去，維持秩序的居士師兄嚷著：「大家別急，請排好隊，每個人都看得到的。」當下覺得那情景真是無明，上師不是常告誡弟子：何處有一片清淨、虔誠的心，何處就有諸佛菩薩顯現，其實也就是自心的佛性顯現了。剛剛才誦了經，心不正是應該保持在清淨虔誠的狀態嗎？若是心不清淨，就算緊抱著佛菩薩也沒有用吧！

　　我跟在隊伍後面進殿，覺沃佛端坐在上，平日披金掛銀，裝飾華麗，如今只餘一身燦金，不變的是面容慈善、神態安詳，祂是全藏區的主佛，數百萬佛教徒精神信仰的中心。

　　這尊釋迦牟尼佛十二歲等身像以紅銅為主，合金鑄成。傳說完成於佛陀在世時，並由佛陀親自加持開光，相好莊嚴，慈和美善，見到這尊像與見到佛陀

本人一模一樣。這尊佛像原藏於印度，大約在南北朝時期，由印度國王送給中國，供奉於洛陽白馬寺。西元642年，唐太宗賜予文成公主，入藏後先供奉在小昭寺，後來吐蕃與唐朝交戰，擔心唐朝搶回佛像，便將它移到大昭寺藏在小佛殿內，將門砌土封死，繪上壁畫偽裝，一藏就是六十年。直到金城公主入藏，才重見天日，從此成為大昭寺主佛。

進殿無數回了，每回依然對佛那沉靜的專注感動不已！腳步沿著佛殿內窄小的走道順時鐘緩慢轉圈，耳旁依稀響起佛陀的叮嚀：弟子們，我只是指出道路，你們每個人必須自己上路。

出了佛殿，我回首合十膜拜覺沃佛，殿前有好幾位藏民在磕長頭。有人批評佛教徒對佛像磕頭是一種盲目的崇拜，其實那是批評者不瞭解佛像所代表的精神與內涵，所以只看到畫佛像的絹布、畫紙，雕佛像的木頭、銅鐵，他感受不到無形的意義。對我而言，佛像代表人類超越自身侷限的一種力量，我看見的是自己對佛陀一生悟道過程的憶念；我看見的是佛陀那顆覺悟者的純淨本心；更多的是對自己的期許，期許有朝一日也能擁有如佛陀般的智慧與慈悲。

用這樣的心態來膜拜佛像，身心都能籠罩於極大的寧靜之中，生命的內涵和境界也能逐漸提昇。

聞著熟悉的酥油味和藏香，我再走遠些回望，這座「覺沃釋迦牟尼佛殿」是整個大昭寺昏暗的內殿中最為明亮之處，殿前有著無數盞酥油燈。藏民用各種各樣的方式表達對佛的虔誠和崇拜，在大昭寺門前磕長頭、以佛為中心轉經、往佛面前的長明燈添酥油、在佛腳下獻哈達、為佛重刷金粉……。

瞻仰過覺沃佛後，功德主團體繼續下一行程，我獨自登上大昭寺金頂，金

色的屋頂在亮麗璀璨的陽光下熠熠生輝，布達拉宮巍峨立於不遠方的紅山之上。走到屋簷邊，下面是此起彼落磕長頭的藏族僧俗，往前是人聲沸沸的大昭寺廣場，延伸再向前是現代化的宇拓路；路的盡頭越過布達拉宮前的人民公園，再過去便是光禿禿的藥王山，頂上的電

▌佛法於雪域高原已傳承了一千三百多年。

視塔顯得有些突兀。視野拉開，環繞著拉薩四周的是連綿白頭的山巒，猶如武士捍衛著聖城。

　　歲月悠悠，無論是否有長明不熄的酥油燈陪伴；是否有虔誠的藏民膜拜，大昭寺內的覺沃佛，在雪域高原已佇立了一千三百多年，祂永遠雙目垂視，安住在寂靜圓滿的涅槃境界中，以慈悲的微笑，看盡佛教在這塊土地上的傳播、衰落、再度興盛，一切在祂眼裡，也不過是「無常」兩字吧？！

「阿姐喇（藏族對中年女性的尊稱），妳的包，開開了！」背後傳來不太標準的普通話，我心想：「該不會是說我吧？」回頭把背包往前拉。天啊！就是我的背包，拉鍊被打開，我清點了一下，二十元一疊的兩角新鈔，少了五、六疊。

剎那，腦中茫茫然，我不是難過損失了錢，而是──怎麼會有人在這神聖的節日偷竊，我無法置信。

周遭伸手要錢的聲浪持續著，我稍稍回過神來，奮力掙脫圍繞著我要錢的眾多手掌，快步走到外圍，席地坐了下來，我需要靜心一下。

今天是藏曆四月十五日薩嘎達瓦節，「薩嘎達瓦」藏語的意思是「氐宿月」。藏曆四月為氐宿月，氐宿是藏曆二十八星宿之一，這個神聖的月份所具有的威力非常大，不管好事壞事，做一次就等於做了十萬次。尤其相傳釋迦牟尼佛降生、成道、圓寂都在今日，更有「此日念一遍〈六字真言〉，等於念了三億遍」之說。

大多數藏民在四月整整一個月奉行不吃肉的規定，因為這個月殺一條生命等於殺十萬條生命。信眾從本月的第一天起修行懺悔，累積功德，天天繞著拉薩城大轉經（稱為轉林廓），一趟約需兩、三小時，有的甚至全程磕長頭。用「我如果不在家，就是在轉經的路上」這句話來形容藏曆四月藏民的行蹤，是

最恰當不過的了。

內地移民戲稱這天爲「窮人節」，因爲布施是薩嘎達瓦節的重頭戲，大多數藏民會在這天大方布施。這天，拉薩城的藏族店鋪幾乎都歇業，連平常熱鬧繁華的八廓街，也變得冷冷清清。全城人都去轉經，當施者或受者去了。

今天一早，天還未亮，我便戴著頭燈從學校騎自行車出發。途中經過林廓東路（轉經路的一段），黑暗中人影幢幢，有不少人已摸黑開始轉經，在一盞盞黯淡路燈相伴下，人人手持小瑪尼輪和佛珠，身影全朝相同方向移動，低低的「嗡嘛呢唄咪吽」誦咒聲及其他誦經聲夾雜，穿透黎明前冷沁的寒氣，如漣漪般在天地間蔓延迴盪，我被這景象震懾住了。停車呆看了一會兒，禁不住血液沸騰，湧上一股莫名的興奮，再度跨上車，騎速加快，心中低喊著：「等等我，我來了！」

六點整，和藏族朋友會合，揹上裝著布施錢的背包，手持佛珠，我也加入了殊勝的轉經行列。

今天轉經走的是傳統的大外轉路線，也就是以大昭寺爲軸心，往外擴大到布達拉宮、藥王山、功德林、龍王潭、小昭寺的外環轉經道，全長約十公里。

隨著朝陽初升，轉經道上，形形色色的轉經人摩肩接踵，如浪潮順時鐘往前流淌，一浪接續一浪。轉到緊傍拉薩河的金珠東路時，空氣中彌漫桑煙味，這裡有好幾座煨桑台，桑煙滾滾，柏枝燃燒劈啪作響，轉經人不斷往內投入香柏枝，同時喃喃祝禱。

藥王山的摩崖石刻一地是中繼站，轉經人大都暫停腳步，面對摩崖石刻的諸佛菩薩磕長頭，然後略作休息、上廁所、吃點乾糧，再繼續上路。

　　來到德吉南路、德吉北路，這條石板路今日被劃爲步行街，禁止車輛通行，是乞丐聚集最多之處，只見馬路兩側坐滿一排又一排的乞丐，什麼樣的人都有。許多都是扶老攜幼全家總動員，從後藏、藏北牧區、藏東橫斷山脈及最偏遠的阿里地區，長途跋涉而來。乞討者中也不乏漢人面孔。

▓ 走過圍繞著藥王山摩崖石刻的轉經道後，便抵達休息的中繼站。

　　之前，藏族朋友告訴我，薩嘎達瓦節他們都是不分族別不分男女老少，只要是乞丐就布施，金額不大，都給一角，通常受施者不嫌少，也不會多要。去年，家境小康的阿媽喇家準備了二千元的一角紙鈔，最後剩下四百多元。我換算一下，一元有十角、二千元有二萬角，天呀！表示約有一萬五千名行乞者。我很好奇一天下來可以收到多少布施金？朋友說，據非正式統計，每個乞丐最少可拿到一百多元。難怪有些開店或上班的人，都寧可歇業及請假，化身為一日乞丐。

　　薩嘎達瓦節前幾天，我到銀行換一角的紙鈔，才知道一兩個月前就須預定才有，後來緊急託朋友換到二角的紙鈔。由於平日在拉薩街頭看到不少職業丐幫，我打定主意，今天只布施出家僧侶、老者、殘障者及婦孺，至於身體健全的年輕人、壯年人，一律不給；尤其是邊喝可樂邊要錢的年輕乞丐，既然有錢買飲料解渴，就不需要我這喝白開水的人布施了。

　　我和朋友在德吉南路口分開，各自發放布施錢。一般不打算布施的轉經人會走馬路中

▌僧人以吹奏法號及誦經，接受群眾的布施。

央，快速通過，要布施
的人則穿過兩側的乞丐
群。乞討者身前均擺著
紙箱、麻布袋或大塑膠
袋，以方便收放布施者
給的紙鈔。

　　萬萬沒想到，德吉
南路都還沒走完呢，就
發生了我的布施錢被偷
的憾事。

　　我從坐的位置抬眼

▌一天結束後，每個接受布施者都滿載而歸。

望去，布達拉宮在不遠處矗立著，視線收回，我的四周充塞著轉經者、乞討者
及維持秩序的公安。靜靜觀察了一會兒，乞討者的手掌一隻隻全都向前伸得老
長，布施者若是每個手掌都給錢，乞討的人群大致秩序良好，若是漏給，沒拿
到的乞丐便會騷動，站起身來，甚至跑出座位，追著布施者，大聲喊著：
「ㄟ，我沒有！給我給我！」有的甚至會抓住布施者的手臂或衣服不放。

　　回想剛才，我就是這樣陷入一片混亂中，被一群沒拿到錢的年輕男乞丐團
團包圍住，有人趁亂拿了我的布施錢，就連我放在背包兩側的水壺和陽傘也都
不見了。

　　靜坐了一會兒，重新意識到我呼吸的是海拔3650公尺高的清涼稀薄空氣，
遙望紅山上的布達拉宮，相傳該山為觀世音菩薩本尊所在，而以往駐錫該地的

達賴喇嘛都是觀世音菩薩的化身，南無大慈大悲救苦救難的觀世音菩薩，從天上走進世間，護衛著整個拉薩聖城。

走念及此，宛如被大悲水甘露灑遍周身，心沉靜下來，我慢慢能反觀內省了。腦中出現《金剛經》「應無所住，行於布施。所謂不住色布施，不住聲香味觸法布施」、「無我相，無人相……無壽者相」，平日念經，好像都懂，但生活中考驗一來，就住了相，執著於「我相」和「人相」，無法平等布施。

記得讀過廣欽老和尚的故事，老和尚在山洞修行的八年間，時常有猴子送水果來供養，老和尚對猴子心存感恩。有一天，有人送很大的水蜜桃供養老和尚，老和尚就說要送給猴子吃，弟子忍不住說：「這……給猴子吃太可惜了吧？」老和尚回答：「不然給你吃，會不會可惜？」

是啊，「給猴子吃太可惜」這句話表示對眾生並無平等慈悲心。佛陀教導我們「眾生平等」，一切生命不管以何種型態呈現，都是平等的。

「不住相布施」提醒我們要抱持著無施的心態，用一種真正利益他人、希望別人快樂的心情來布施，布施完就沒事了，就要一切放下。這也是「三輪體空」的境界：沒有布施的我、沒有受施的人，也沒有所布施的物。

今日是我自己先有了分別心、有了批判心，先入為主地將乞丐分類，斷定「這個人值得布施，那個人不值得布施」，只擁抱我認為「值得布施」的人，排拒我認為「不值得布施」的人。而這所謂的「值得」與「不值得」，正是我執在運作，傲慢心在作祟。

佛教講「三世因緣」，我不知道在過去世，自己是什麼樣的眾生；也不知道，眼前我認為「不值得布施」的人，在過去世和我的關係（說不定是我的父

母）。當我這世死亡後，不知道下一世會如何，也說不定這些人都將成爲我的親朋好友。

　　反覆想著，鬱悶的心有了一個出口，套用「三輪體空」格式，我把今天的遭遇歸結爲──沒有一個「你」在偷錢，也沒有一個「我」在被你偷，更沒有被偷的「錢」。

　　藍天慢慢展露了，我再度上路……。

▓ 矗立於不遠處的布達拉宮，無視車水馬龍，散發出安定自在的力量。

藏曆四月底。海拔4300公尺。直貢噶舉派主寺直貢梯寺緊臨斜崖的廣場上。持續幾天修法後，一場由僧侶演出的金剛神舞（俗稱跳神）盛典，正在為神聖的藏曆四月寫下圓滿的註記。

拉薩河支流雪絨河蜿蜒流過的山谷，是直貢噶舉派的發源地，史料記載，依藏文字母排列共有三十座大小寺廟，但目前大都已毀，只餘數座。

我認識的帕洛朱古，是其中一座羊日崗寺的轉世活佛，很早就收到他發的手機短訊：「公告：藏曆四月二十九日（西曆6月23日）下午，於直貢梯寺由小僧跳金剛神舞（黑帽），歡迎各位前來觀賞。」

金剛神舞屬密宗儀軌，早期只在密宗殿內舉行，後來為了促使民眾皈依佛法之心更加虔誠，才走出殿堂。

一早我從拉薩搭客運，近午抵達，廣場四周能坐能站之處早已擠滿人，在扎桑喇嘛 ❶ 協助下，強穿過群眾，我進到廣場中間放置經幡旗桿處，這兒民眾不能靠近，拍照視野非常寬闊。

不久，由一群僧人吹響法號拉開序曲，金剛神舞一幕接一幕，熱鬧非凡。參與演出的僧人，從頭到腳穿戴華麗的繁複服飾，戴著呈現忿怒相的面具，在鑼鼓樂聲中，搭建起人神交流的橋樑。

兩點左右，七位黑帽舞者上場，先由帕洛朱古一人獨舞，今年才二十四歲

的帕洛朱古，一改平日幽默活潑模樣，神色莊嚴，全神貫注，隨著音樂節奏手舞足蹈，旋轉翻跳，或快或慢，或剛或柔，很有專業舞者架勢。

　　為了捕捉最好的角度，我使用變焦鏡頭在場邊遊走，平拍、仰拍，爬上台階俯拍，不停地蹲下、站起、爬上、跑下，正拍得起勁，突然一陣昏眩，眼冒金星。初以為是豔陽直射眼睛的光亮，伸手擋陽光，咦，我戴著太陽眼鏡啊！頓時身體癱軟，胸口緊縮，呼吸困難，宛如有一火苗在體內點燃，熾烈地熱流貫穿全身細胞，我無力地靠著旗杆。

　　佛陀曾問眾沙門：「人命在幾間？」有人回答「在生死間」、「在飯食間」等，佛陀都微笑不語，直到有人回答「在呼吸之間」，佛陀才點頭。而我現在快要「不在呼吸之間」了，有個東西鯁在喉嚨壓住胸腔，意識像溺水者掙扎著想浮出水面。

　　聖者蓮花生大師在《西藏度

▎大殿廣場四周擠滿民眾，等待金剛神舞上演。

亡經》中說，當一個人快要死亡時，由地、水、火、風四大組成的人體色身，首先地大會衰竭，身體變得遲鈍，體力不支，無法移動；其次水大衰竭，體內感到乾燥、缺水；接著火大衰竭，體溫漸失，六識慢慢衰退，外界的一切愈來愈模糊、愈來愈遙遠；然後風大衰竭，生命能量消耗殆盡，呼吸愈來愈弱，最後停止。

那麼，我現在有可能是在步向死亡嗎？我的四肢變得遲鈍，無法動彈，是地大在衰竭嗎？全身不

▌穿戴華麗服飾、戴著呈現忿怒相面具的僧人，是人神之間的橋樑。

斷冒冷汗，口舌乾涸，是水大在衰竭嗎？體內一股無名火愈燒愈旺，炙熱往外竄，是火大在衰竭嗎？……

彷彿下一秒就會窒息休克了，心想：「我會死在這裡嗎？」不知是不是嚇呆了，反而不害怕，靈光一閃中還想起《西藏生死書》作者索甲仁波切對死亡來臨時的描寫。當人由臨終到死亡，意識不會消失，只會離開肉體，進入死後的「中陰」世界。所謂中陰，是指一個情境的「完成」和另一個情境的「開始」之間的過渡，是脫離輪迴解脫的好時機。但那個當下要注意什麼呢？現在一點都想不起來。

唉！中陰太複雜了，當時看不太懂，也無上師指導，現在還想它作什麼？

天旋地轉中，金剛神舞宛如默片，我全然聽不見鑼鼓樂聲和沸雜人聲，腦中念頭卻還在轉著，是高山病嗎？怎麼會這樣呢？之前來過兩次都沒事。是因為正午紫外線太強，中暑了嗎？

近旁無人可幫忙，忽然瞥見帕洛朱古獨舞完，站在場邊等候其他僧人輪跳。我猶豫著要不要過去跟他求救？但兩腳痠軟無力，不聽指揮，而且連張口喊也沒氣力，只感覺身心直往下沉……。

西藏諺語：「如果你該生病，你就生病；如果你該死去，你就死去。」

他們把死亡比喻為「就像從酥油中抓起一根毛髮」，毛髮不易沾附油，被抓起後，酥油會一滴一滴流光。當我們死亡時，生前所有的土地、房產、名聲、財富和親朋好友，也都如同酥油從毛髮上滴光，沒有一樣帶得走，只餘下神識，依著自己所造的善惡業，再去流轉受果報。

土城承天禪寺建寺時，弟子都要幫忙，有一天，大家忙到半夜，疲憊不

堪，廣欽老和尚竟然把一盒大小不同、已分類好的鐵釘全部弄亂，要弟子重新分類，有人嘀咕：「怎麼偏挑這種大家都累極要休息的時候叫人做事呢？」老和尚板起面孔，當頭棒喝：「難道臨命終的時候還讓你挑時間嗎？」

沒有參與演出的僧人於一側觀賞金剛神舞。

死亡不會徵詢我們的意見，所以我們根本無法選擇告別人世的時間。

……

東想西想，這如恆河沙數之多的念頭，全在一瞬間於腦中來來去去，交叉穿梭，或許只有幾十秒的時間，卻又像是經過了一世紀那般長，時間真是個幻相啊！

幸好信仰的力量在這時發揮了作用，一個心念彈跳而出——無計可施，就放下吧，專心唱誦〈六字真言〉。我開始默念嗡嘛呢叭咪吽、嗡嘛呢叭咪吽……，觀想諸佛菩薩的光芒籠罩著我，同時持續緩慢深呼吸。

　　終於，內心在紛亂中漸漸寧靜。這時，負責錄影的一個藏族年輕人，正好移動靠近我，我艱難地伸出手碰他一下，他轉頭看我，我氣若游絲說：「我很不舒服，拜託幫我拿背包，帶我到那邊休息好嗎？」他二話不說，提起我的背包，把我帶到奏樂僧侶的座席，讓我斜靠在藏式卡墊上，並請女友照顧我。

▌福神造型的僧人，逗弄民眾，炒熱歡樂氣氛。

　　普通話流利的女孩熱心地幫我「診斷」，是因為沒吃東西、沒喝水，在熾烈太陽下沒戴帽子，又動作過劇，才會如此。她要我把汗擦乾、多喝水、酥油茶及吃點東西，很快就會恢復。

　　筋疲力竭，餘悸猶存，莫名地感覺很像讀國中時那個奇異的夢。當時一位同學急症過世，有天晚上我夢見她約我在學校附近公墓會面，我在夢中前往赴約，那路卻無止境的綿延，快要遲到了，我改成跑步，卻一直跑不到，愈跑愈快，累得筋疲力盡，眼看就要失信於同學，我急得哭出聲來，猛然驚醒，一臉汗水淚水。

　　隔晨，告訴祖母這奇異的夢，祖母大驚，說：「好佳在，妳沒有跑到，不然就完了。」祖母隨即帶著我燒了許多冥紙給同學，口中念念有詞。

　　陣陣山風送爽，烏雲遮蔽陽光，逐漸厚重，終至下起雨來，我在雨聲淅瀝中慢慢復原。前一刻，無數的細胞死去了，這一刻，又好像有無數的細胞新生了。看到金剛神舞仍在雨中熱絡進行，我抓起相機，穿好防水風衣，重新走進場中。

　　終場時，雨過天青，一道美麗的彩虹伴隨陽光浮現天際，在場每一個人都發出了低聲的讚歎！

---

❶ 扎桑喇嘛的故事，詳見拙作《聽見西藏》一書（法鼓文化出版）。

終 曲

走過拉薩的秋冬春夏

　　2006年7月1日，是舉世矚目的青藏鐵路正式通車的日子。就在這一天，我搭乘長途臥鋪車離開了拉薩，離開了前後生活十個月的日光城。

　　是因為在藏大的學習告一段落，也是因為從這天開始，專家預估拉薩每日增加流動人口四千人。這個原屬於藏民的聖城，早已被戲稱為「小四川」，從今而後，聖城之曲更不知會如何地荒腔走調，令人不忍面對這個不堪。

　　我的臥鋪位置靠近車門，迎面而來，青藏公路上，襯著草原及群山，一輛接一輛的軍車駛進拉薩。鐵路和公路大牛併行，清楚可見每隔一段距離就有軍人、公安或便衣人員守護著，確保今天通車順利。

　　這條鋼鐵之路被媒體稱為「天路」，因為成功克服「多年凍土、高寒缺氧、生態脆弱」等難題而號稱「世界的奇蹟和中國的驕傲」。據說會為西藏帶來更多的可能性，讓夢想更近，離想像漸遠，可惜這都不是西藏人的觀點。

　　當我確定離開拉薩的日子後，藏族朋友多次遊說我留下來參加藏曆七月雪頓節殊勝的哲蚌寺曬大佛。我說，在拉薩的日子太幸福了，我決定要留一些遺憾。

　　十個月前抵達拉薩，宛如昨日，靜心回想期間經歷及體悟，又好像是過了好幾年的時光那般豐富。

　　在知道我要到西藏遊學一年時，朋友紛表羨慕、欽佩，並恭喜我要「深

造」，我回答：「深造對目前的我一點都不重要，而且也不是我生命的目標，我只是在半百的當下，有意願也有機緣離開熟悉的軌道，隨順心的感覺去走一段新（心）道路，安住在一個讓自己很自在的國度，體會佛國四季的輪迴。我只是比一般人多了些勇氣與實踐的能力，清楚自己要的是什麼，別忘了，我也割捨掉一些東西。」

喜愛旅行，我知道最好的旅行方式不是以最短時間走過最多地方，而是定點停留，在一個自己喜愛的地方生活一段時期，細細觀察和感受。當你在一地待久了，就能從周遭景物的細微變化閱讀到時間的流逝，一切如放大鏡般清晰，而匆忙來去的遊客，只看得到大塊風景，體會不到方寸之美。

初抵拉薩，嶄新生活充滿歡喜，直到大陸十一國慶那晚，在布達拉宮對面的人民公園，歡慶的音樂震天雷響，音樂噴泉隨著旋律不斷變化美麗光影。我站在外圍望過去，布達拉宮靜默矗立，背後天空深沉神祕。轉身看到廣場上那高高矗立的「西藏和平解放紀念碑」，想起看過的一本書《喇嘛殺人——西藏抗暴四十年》，頓時鼻酸，淚水盈眶。

一年來，表面看拉薩經濟繁榮，日趨現代化，但老一輩的西藏人已開始擔心文化斷層會從年輕一代開始。就算藏文造詣高，如果不通漢文，也找不到工作，這是生存問題，形成西藏文化對藏族年輕人沒有幫助，漸被拋棄，最後可能消失。西藏人口二百七十萬（內含移民五十多萬），就弱勢民族而言，語言權的精神就在延續和發揚本族文化，為什麼移居西藏的漢人都不學藏語？

許多時候我為藏族朋友們的處境落淚，同時為台灣人的自由幸福慶幸，又為台灣人的不知珍惜而遺憾。

佛法為虔誠的信仰者帶來一份心靈的寧謐與自在。

除去這些無解的政治文化煩惱，我在拉薩的生活如一泓波瀾不興的湖水，快樂又自在。

說起快樂，是每一個人都想要追求的，儘管快樂因人而異，但無可否認的，快樂通常都是由外在因素引發，必須依賴於某個能使我們快樂的事物或情境，若這些事物和情境消失了，快樂往往也隨之消失。

我在拉薩很快樂，回到台北都會，我還能繼續保有這份快樂嗎？

這一年，我時常思索這個問題。

佛教徒的藏語叫「壤巴」，意思是指能向內心看、內省的人。我很慶幸，逐漸能做到這一點，往內心深處看，內心生起喜悅，喜悅不同於快樂，它是從內往外的，並不會因外境改變而消失。恰如西藏諺語：「在自身之外找尋快樂，就像在面北的洞口等待陽光一樣。」

這一年也算是一趟旅行，其實每個人的生命都像旅行，人生可以分割成一段段長短不同的行程，不同的人選擇走不同的路、看不同的風景，以滿足心靈的渴望。久而久之，每個人都走成一道個人獨有的風景，生命的存在就是各自走過的痕跡。

回顧拉薩遊學的一年，以半百年紀還有如此殊勝機緣，走一條不同於別人的路，雖然只有一個秋冬春夏，但已經足夠了。從物質享受的角度來看，拉薩一年生活簡單，但內心卻充滿喜悅，是一種發自內心，寧謐、平和的喜悅。

這一年在拉薩有許多機緣布施，聖嚴師父說：「財富如流水，布施如挖井，井愈深，水愈多；布施得愈多，財富則愈大。」我的體會也是，你向外給的愈多，回來的也愈多；捨不得給，你的內部也會因騰不出空間，而無法再容納新鮮的能量流進來。

我打開車窗，沁涼的空氣撲面而來，是藏地空氣慣有的一種冷冷新鮮的滋味，流動著一種透明的色彩，我愛極這樣的空氣，讓人保有一份清明。

我伸手出窗外，用力握緊拳頭，好像抓住東西，其實連空氣都抓不住；放開拳頭時，好像手中空無一物，反而有空閒的雙手，可以兜滿陽光與清風。

走過拉薩的四季，宛如也走過生命的四季，最大的豐收是獲得內在的自由。身心浸淫在這雪域高原佛國，更有了一種安心與明白，明白走在佛陀指引的道路上，是人生最大的幸福；佛法為我安住了心，內在的小宇宙運轉力量增強，恁外在風風雨雨，坎坷崎嶇，也都能不恐懼不徬徨。

後記

一個人，在路上，雲淡風輕

　　結束西藏大學一年學習離開後，每年春秋，避開遊客人潮，我都會回到拉薩。如預期地，一切都在改變，舊房子拆了，興建起一棟棟現代商業大樓和觀光飯店。曾經光顧的小吃店又換老闆了，無論是經營不善還是錢賺夠了離開，大多數來拉薩的內地人，都只把這裡當成一個淘金天堂。

　　拉薩在走味，若是一個人到拉薩只停留幾天，看到的便是迎合觀光客口味的面貌，那不是真實的西藏。

　　我曾經被問過無數次，為什麼獨鍾西藏？對西藏的嚮往是什麼？

　　當我還在西藏時，我也曾這樣問過自己。西藏的精神在宗教信仰及文化；西藏的真實生命在神山、聖湖、河流、雲彩、藍天、寺廟及藏民混合的整體呈現，單純、豐富與寧靜。那是一塊能呼吸的土地，擁有遼闊蒼茫的大自然；那是一個能夠讓人看到生命全貌、看到心純粹如虛空本質的佛國。

　　西藏於我是一種生活方式，我現在對西藏的感覺，不再像初次接觸時那樣激昂與充滿夢幻，已慢慢沉澱，心境風平浪靜，恰似「千江有水千江月」。

　　在西藏生活久了，就能懂得沉默；在西藏生活久了，面對大山大水，內心就會產生極大的廣闊和自由，就會心靜如山如水。之後縱使身處繁華都會或吵雜群眾之中，內心依然能保持定靜，不受外境干擾，這也算是一種出離吧！

　　當我回到繁華都會，發現絕大多數的人都活在自以為是的肥皂劇中，心永遠忙碌，看不見事情的真相，執著、沾沾自喜於自己創造出來的浮華世界。

　　當我回到繁華都會，發現自己對於身旁所有的人事物，內心都能保持一些空間，一些看事情的距離。好像心開了許多門窗，變得更輕、更空。這不是冷漠無情，只是感覺像站在空曠的雪域高原上，心隨著高原的風自由來去，不受羈絆。

　　於是，無論是行走在繁華鬧區，還是面對日常生活，也就都能帶著一種不離不住的豁然心態。不住，就不會執著地喜愛或討厭什麼；不離，就無論是在做什麼，都能認真、專注地做。無為與無所不為的奧妙隱藏其中。

　　在西藏的日子，許多時候都是形單影隻，一個人，在路上，雲淡風輕……。尼采說：「人要得到真正的自由和快樂，就必須領受孤獨與寂寞。」因為孤獨，能夠清醒，能夠放下一些之前自以為是的堅持，能夠對自己所擁有的一切真正感到珍惜；因為孤獨，於是才有機會認識心，學會與心相處。

　　我們有一雙能看見事物的眼睛，但卻看不見自己的臉，心也是一樣，經常無法自己看清自己。要照見心，只有從佛法中去尋覓！

　　寂天菩薩說，當地面上布滿尖銳的石頭和刺，該怎麼做才能避免腳受傷呢？我們不用將地面全鋪上皮革或地毯，只要將一塊皮革做成一雙鞋，就可以穿著它走遍世界。

　　因此，當自己和世界或別人有所衝突時，不必妄想去改變全世界所有人，只要自己心念一轉，就海闊天空了。

　　同樣道理，無論我們擁有什麼和擁有多少，讓我們覺得富有或貧窮的，也都是自己這顆心。如果內心覺得滿足，即使只擁有一點點，也會感到幸福快樂。

　　心就像一畝田，撒下什麼種子就結出什麼果。

　　心也像一杯水，杯子的造型和材質就像人的外表，隨著一個人的經濟能力與審美觀而不同。但杯裡的水，無論是在西藏還是在哪個都會城市都一樣，無色無味，不同的是，都會城市人的欲望很多，會不停往杯中加入各種調味，於

▌面對神山聖湖，內心會產生極大的廣闊和自由。

是變成一杯五味雜陳、混濁的水。心變得複雜，煩惱隨之而來。

西藏吸引我的因素之一，便是大多數的藏民都有一顆純淨的心。

年過五十學語文其實頗辛苦，但在學習藏文的過程中，滿心喜悅。或許正如藏族朋友說的，我的前世是藏人，經由學習藏文，我找到回家的路。

我更相信，世間沒有所謂「偶然」，人一生中所有遇到的人事物，都是必然。我五十歲，我到西藏學藏文，都是由於因緣具足，時候到了，它就發生了。

全球暢銷書《牧羊少年奇幻之旅》中，老人對牧羊少年說：「當你真心渴望某樣東西時，整個宇宙都會聯合起來幫你完成。」

我就是曾經那樣真心地渴望西藏啊！

從西藏回來後，許多人在羨慕的同時也會慨歎：「西藏，好遙遠的地方！」

西藏遙遠嗎？再遙遠的遠方也就是一個方向，只要你堅持著向那個方向走去，遠方其實並不遙遠，遠方不過就是你前方的路。有一天，你會突然發現，你已經到達了昨天夢想的遠方。

關鍵在於你必須出發，只要啟程，遠方就會來到你的眼前和腳下。

你嚮往西藏嗎？渴望和生命的大境界相遇嗎？那就揹起行囊出發吧！

藏曆火豬年十月二十五日燃燈節

2007年12月4日寫於拉薩

國家圖書館出版品預行編目資料

魔鏡西藏：拉薩遊學一年記 / 邱常梵 著 --
初版. -- 臺北市：法鼓文化, 2008.06
面： 公分. --（人生DIY：5）

ISBN 978-957-598-432-8（平裝）

1. 遊記 2. 西藏

676.669   97007458

人生DIY ⑤

魔鏡西藏──拉薩遊學一年記

著　者	邱常梵
主　編	陳重光
編　輯	李書儀
封面設計	亞伯特・湯
內頁設計	鄭子瑀
出版者	法鼓文化事業股份有限公司
地　址	台北市北投區公館路186 號5 樓
電　話	（02）2893-4646
傳　真	（02）2896-0731
網　址	http://www.ddc.com.tw
E-mail	market@ddc.com.tw
讀者服務專線	（02）2896-1600
初版一刷	2008年6月
建議售價	新台幣390元
郵撥帳號	50013371
戶　名	財團法人法鼓山文教基金會—法鼓文化
北美經銷處	紐約東初禪寺
	Chan Meditation Center（New York, U.S.A.）
	Tel：（718）592-6593 Fax：（718）592-0717